Petra Altmann
So leben Nonnen und Mönche

Petra Altmann

So leben Nonnen und Mönche

Mit einem Vorwort von
Abt Michael Reepen OSB

Anaconda

Die Deutsche Nationalbibliothek verzeichnet diese Publikation
in der Deutschen Nationalbibliografie; detaillierte bibliografische
Daten sind im Internet unter http://dnb.d-nb.de abrufbar.

Genehmigte Lizenzausgabe für die Anaconda Verlag GmbH, Köln
Copyright © Vier-Türme GmbH, Verlag, Münsterschwarzach 2009
Erste Auflage dieser Ausgabe 2011, Anaconda Verlag GmbH, Köln
Alle Rechte vorbehalten.
Umschlagmotiv: Nuns entering the Church of Mouly, Ouvea Island,
Foto: © gettyimages / altrendo travel
Umschlaggestaltung: dyadesign, Düsseldorf, www.dya.de
Satz und Layout: InterMedia, Ratingen
Printed in Czech Republic 2011
ISBN 978-3-86647-590-8
www.anacondaverlag.de
info@anaconda-verlag.de

Inhalt

Vorwort

Das Interesse der Menschen am Leben im Kloster ist heute sehr groß. Es vergeht kaum eine Woche, in der nicht ein Fernseh-, Rundfunk oder Presseteam bei uns in der Abtei Münsterschwarzach anfragt, weil es über unser Kloster berichten will. Für viele ist der Kosmos Kloster eine fremde, exotische und damit auch interessante Welt. Nicht nur bei diesen Anfragen, sondern auch in meinen Gesprächen mit interessierten Menschen werden immer ähnliche Fragen gestellt.

Dieses Buch ist der Versuch, in einfachen Worten über konkrete Dinge im Klosterleben zu sprechen. Obwohl die Benediktiner und Benediktinerinnen alle nach der Regel des heiligen Benedikt aus dem 6. Jahrhundert leben, gestaltet sich doch das Leben in jedem Kloster und bei jedem Ordensangehörigen etwas anders. Durch die vielen Schwestern und Brüder, die in diesem Buch zu ‚sort kommen, wird die bunte Vielfalt unseres Lebens und unserer Klöster sichtbar. Es gibt nicht »den« Mönch oder »die« Nonne. Noch dazu sind auch wir Ordensleute beständig auf dem Weg, wir verändern uns. Auch von daher sind die Antworten, die in diesem Buch gegeben werden, nur »Momentaufnahmen«.

Dieses Buch will über das Leben im Kloster informieren und eine Brücke von interessierten Menschen hin zu den Klöstern bauen. Vom Text abgesetzte kurze Erklärungen und Zitate aus der Bibel und aus der Benediktsregel wollen auf die Tradition verweisen, die hinter diesem Klosterleben steht. Wer tiefer in einzelne Themen einsteigen will, kann unsere vielfältigen Veröffentlichungen zu Lebens- und Glaubensfragen zur Hand nehmen, die aus benediktinischem Geist heraus entstanden sind.

Abt Michael Reepen
Abtei Münsterschwarzach

Vorwort der Autorin

Klöster sind für viele Menschen eine unbekannte Welt. Manch einer kennt eine Ordensfrau oder einen Ordensmann oder hat in seiner Nähe ein Kloster.

Der ein oder andere hat möglicherweise als Gast auch schon einmal Tage im Kloster verbracht.

Doch oft sind die Kenntnisse über das Leben hinter Klostermauern bruchstückhaft und marginal. Dem Leben der Ordensleute haftet für manche Menschen sogar etwas Geheimnisvolles an.

Dieses Buch gestattet mehr als einen Blick durch das Schlüsselloch der Klosterpforte. In diesem Band sprechen die Ordensleute selbst.

Von ihrer Entscheidung, ins Kloster zu gehen. Von ihrem täglichen Lebensrhythmus des »ora et labora«, von ihrer Arbeit, ihrer Gemeinschaft, kurz – von allen Bereichen ihres Lebens.

Für diesen Band habe ich lange Gespräche geführt. Mit acht Nonnen aus dem Benediktinerinnenkloster Köln-Raderberg und neun Mönchen aus der Benediktinerabtei Münsterschwarzach. 17 benediktinische Ordensleute sprechen stellvertretend auch für Mitglieder vieler anderer Ordensgemeinschaften.

Ich habe ihnen 50 Fragen gestellt, die viele Menschen außerhalb der Klostermauern vielleicht selbst schon einmal interessiert haben.

Die Antworten meiner Gesprächspartner zeigen, dass es auch in Klostergemeinschaften menschelt. Dass es dort zwischenmenschliche Probleme gibt, Reibungsverluste im täglichen Leben und bei der Arbeit. Und sie zeigen, dass Ordensmenschen vielfach mit ähnlichen Problemen zu kämpfen haben wie wir außerhalb der Klostermauern.

Die Fragen und Antworten geben aber auch viele Hinweise, wie man so manche Dinge mit klösterlichen Tipps in den Griff bekommen kann.

Vielleicht reizt es Sie nach der Lektüre auch selbst einmal, genauer hinter Klostermauern zu schauen. In diesem Sinne wünsche ich Ihnen viele überraschende Momente und Erkenntnisse beim Lesen dieses Buches.

Ihre Dr. Petra Altmann

Die Mönche und Nonnen

Warum geht man ins Kloster, und was ist eigentlich eine Berufung?

»Die Berufung ist der Weg zu meiner optimalen Form von Lebendigkeit. Sie ist die Erkenntnis oder die Ahnung meines Auftrages hier in der Welt«, sagt Abt Michael Reepen aus Münsterschwarzach.

»Berufung ist für mich die Frage: ›Wo komme ich her, und wo gehe ich hin?‹ Berufung ist für mich ›In-Beziehung-Treten‹«, definiert es Sr. Antonia aus dem Kloster der Kölner Benediktinerinnen. Berufung ist ein im Klosterleben häufig verwendeter Begriff. Die Ordensleute sprechen von der Berufung, die sie ins Kloster geführt hat. Sie ist eine individuelle Erfahrung, die nicht immer einfach in Worte zu fassen ist.

Bruder David beispielsweise war als Schüler zu Einkehrtagen erstmals im Kloster Münsterschwarzach, kam nach dem Abitur für eine Woche wieder und bewarb sich später auf eine Ausbildungsstelle zum Verlagskaufmann im klostereigenen Vier-Türme-Verlag: »In dieser Zeit lernte ich das Ordensleben kennen. Die Gemeinschaft beeindruckte mich, es imponierte mir, dass sich Menschen auf die Gottsuche machen. Nach dem Ende der Ausbildung machte ich dann ›Kloster auf Zeit‹. Während einer Meditation in der Kirche hatte ich einen Moment, in dem alles gestimmt hat. Ich habe Gott neu kennen gelernt. Das war der Moment, in dem ich meine Berufung gespürt habe.«

Auch Pater Mauritius spürte die Berufung während des »Klosters auf Zeit«: »Auf einmal stand mir ein Satz vor Augen, der Verheißung bot. Der Satz konnte nicht aus mir kommen. Ich wollte ursprünglich nicht ins Kloster, aber damit war der Boden bereitet.«

Sr. Ursula begründet ihren Klostereintritt folgendermaßen: »Ich war auf der Suche nach einem sinnerfüllten, ganzheitlichen Leben.«

Für Sr. Emmanuela war die Berufung eine Gotteserfahrung. Und Bruder Thomas Morus spürte sie während seiner Zeit als Entwicklungshelfer in Afrika: »In der Weite Afrikas habe ich Dialog gehalten mit Gott.«

Sr. Johanna, Priorin und damit die Klostervorsteherin der Kölner Benediktinerinnen, sagt: »Ich glaube, dass es für jeden Menschen nur eine Berufung gibt.«

Für die Ordensleute ist der Weg ins Kloster keine spontane Entscheidung, sondern ein langwieriger Prozess. Sr. Cornelia machte im Kloster Münsterschwarzach Jugendarbeit. Die dortigen Mönche hatten eine besondere Ausstrahlung auf sie: »Die Frage wuchs in mir, ob das auch mein Weg sein könnte. Bei einem Stadtbummel in Köln kam ich dann auf die Idee, mal in dieses Kloster reinzuschauen. Dann begann das Feuerchen zu lodern. Hier habe ich gespürt, was ich in Münsterschwarzach erlebt habe.« Bis zu ihrem endgültigen Klostereintritt dauerte es noch eine ganze Weile, in der es auch eine Partnerschaft gab. »Aber immer hatte ich das Gefühl, es muss noch mehr geben.«

Bei Sr. Maria-Gertrud dauerte es mehrere Jahrzehnte, bis sie ins Kloster eintrat. Die ausgebildete Kinderkrankenschwester wollte schon mit Anfang zwanzig in ein Kloster eintreten, machte diesen Entschluss aber rückgängig, als sie ihren Mann kennen lernte. »Nach dem Tod meines Mannes 1987 machte ich einen zweiten Anlauf, entschied mich dann aber wieder dagegen.« Erst als ihr jüngster Enkel in die Schule kam, trat sie ins Kloster ein. Mit 67 Jahren, als neunfache Groß- und vierfache Urgroßmutter. »Der Eintritt ins Kloster geschah in Absprache mit meiner Familie«, erzählt sie.

Die Entscheidung, der Berufung zu folgen, ist verbunden mit der Frage, für welchen Konvent man sich entscheidet. Bruder Zacharias beispielsweise kam nach Münsterschwarzach, »weil mich der Geist in diesem Konvent angezogen hat. Es ist ein weiter Geist, in dem man seine Kreativität entwickeln kann.«

Sr. Bernadette besuchte vier verschiedene Klöster und war auf dem Ordenstag, um sich zu orientieren: »Ich kam immer wieder einmal hierher zu Besuch, bevor ich mich für dieses Kloster entschied.«

Ist es überhaupt möglich, für ein ganzes Leben auf diese eine Karte zu setzen? »Ja«, sagt Sr. Johanna, »denn zu den größten Sehnsüchten des Menschen gehört, dass jemand bei ihm bleibt.«

> Es gibt so viele Berufungsgeschichten, wie es Menschen gibt.
> Sie sagten: »Meister, wo wohnst Du?« Jesus antwortete: »Kommt und seht!« – Da gingen sie mit ihm.
>
> Vgl. Johannesevangelium 1,38–39

Wer kann in ein Kloster aufgenommen werden?

Es gibt einige Grundbedingungen für die Aufnahme in ein Kloster, die bei jedem katholischen Konvent vergleichbar sind.

»Wichtigste Voraussetzung ist, dass die Kandidatin beziehungsweise der Kandidat katholisch ist. Wer der evangelischen Kirche angehört, muss konvertieren, das heißt, zum katholischen Glauben übertreten, bevor der Eintritt in ein Kloster überhaupt möglich ist. Menschen, die keiner Glaubensgemeinschaft angehören, müssen ebenfalls der katholischen Kirche beitreten«, erläutert Pater Mauritius. Er ist in Münsterschwarzach für Berufungspastoral zuständig und damit der erste »Filter« für potenzielle Klosterkandidaten: »Pro Jahr melden sich zwischen 60 und 80 Interessenten. Am Ende bleiben zwei bis vier, die wirklich zu uns kommen.«

Zweite Grundbedingung ist die Volljährigkeit. Die Klöster nehmen in der Regel Menschen unter 18 Jahren nicht auf. Darüber hinaus entscheidet jeder Konvent selbst, welcher Altersgruppe die Kandidaten angehören müssen. »Bei uns in Münsterschwarzach sollen sie zwischen 21 und 35 Jahre alt und gesund sein«, sagt Pater Mauritius.

Bei den Benediktinerinnen in Köln müssen die Interessentinnen einen Berufs- oder Studienabschluss vorweisen können. »Die Kandidatin soll schon Erfahrungen im Leben gesammelt haben, bevor sie bei uns eintritt«, begründet die Priorin, Schwester Johanna Domek, dieses Auswahlkriterium. Dort legte im Dezember 2007 Sr. Maria-Gertrud ihre zeitliche Profess ab, die zu diesem Zeitpunkt bereits 69 Jahre alt war.

Eine Altersbegrenzung nach oben gibt es also demnach nicht in jedem Kloster. Wiewohl die meisten Klöster an neuen Mitgliedern interessiert sind, die noch tatkräftig mithelfen können.

»In vielen Ordensgemeinschaften zeichnet sich in den letzten Jahren ab, dass es eine zunehmende Zahl von Menschen gibt, die sich erst für einen Klostereintritt entscheiden, wenn sie bereits einige Jahre im Berufsleben gestanden haben«, berichtet Sr. Johanna. Manch einer hat auch schon Eheerfahrung, bevor er ins Kloster eintritt. Das ist heutzutage kein grundsätzliches Ausschlusskriterium mehr.

Außer den allgemein üblichen Grundvoraussetzungen haben viele Klöster ihre individuellen Vorgaben. Diese erfährt man bei ernsthaftem Interesse an einem Klostereintritt bei demjenigen Ordensmitglied, das die Schlüsselstelle für eine erste Kontaktaufnahme ist. Bei den Kölner Benediktinerinnen ist dies die Novizenmeisterin, die auch für die Ausbildung der jungen Schwestern zuständig ist. »Wenn unsere Novizenmeisterin bei der Kandidatin ein ernsthaftes Interesse erkennt, dann informiert sie mich«, erläutert Sr. Johanna, als Priorin Leiterin des Kölner Klosters, »wenn auch ich von der Kandidatin überzeugt bin, wird sie dem Seniorat vorgestellt«. Dieses aus fünf Schwestern, der Priorin und ihrer Stellvertreterin, der Subpriorin, bestehende Gremium entscheidet dann letztendlich, ob die Kandidatin auf Probe aufgenommen wird.

In anderen Klöstern läuft das Verfahren ähnlich ab. »Die Kandidaten, bei denen ich ein ernsthaftes Interesse verspüre, empfehle ich an den Novizenmeister«, erläutert Pater Mauritius, »danach findet ein Gespräch mit dem Abt statt und schließlich mit dem Seniorat. Wenn der Kandidat dann ins Noviziat aufgenommen wird und diese zweijährige Probezeit beendet hat, stellt er sich dem gesamten Kapitel vor.« Vor dieser Versammlung aller Mönche, so Pater Mauritius weiter, »muss er Fragen nach seinem geistlichen Weg beantworten. Anschließend verlässt er den Raum. Danach wird über seine Aufnahme beraten und abgestimmt.«

Es ist immer ein Prozess durch mehrere Instanzen und über viele Jahre, bevor ein neues Klostermitglied in den Konvent aufgenommen wird. Spontane Entscheidungen sind da nicht möglich. Mit Bedacht haben die Ordensleute diese Phase so ausgedehnt. So kann sich jeder intensiv prüfen, ob dieser Weg der richtige für ihn ist.

Die drei wichtigsten Entscheidungen im Leben eines Menschen, Beruf, Partner, Wohnort, werden auf einmal entschieden. Daher diese Sorgfalt bei der Aufnahme ins Kloster.

»Kommt einer neu und will das klösterliche Leben beginnen, werde ihm der Eintritt nicht leicht gewährt, sondern man richte sich nach dem Wort des Apostels: ›Prüft die Geister, ob sie aus Gott sind.‹ ... Man achte genau darauf, ob der Novize wirklich Gott sucht, ob er Eifer hat für den Gottesdienst, ob er bereit ist zu gehorchen und ob er fähig ist, Widerwärtiges zu ertragen.«

Benediktsregel, 58,1–2.7

Gibt es im Kloster eine Bewährungszeit?

Bis zur ewigen Profess, also dem Ablegen der ewigen Gelübde, die den Menschen lebenslang ans Kloster binden, ist es ein langer Weg, der Jahre dauert.

»Wer neu ins Kloster eintritt, ist Postulantin beziehungsweise Postulant«, erzählt Bruder Pascal, der Novizenmeister des Klosters Münsterschwarzach. Diese Bezeichnung ist vom lateinischen Begriff postulatio abgeleitet, der mit »Gesuch« oder »Bitte« übersetzt werden kann.

»Diese erste Probezeit des Postulats dauert bei uns ein halbes Jahr und dient dem gegenseitigen Kennenlernen. Der Kandidat kann testen, ob das Klosterleben sein Weg ist, und die Ordensgemeinschaft prüfen, ob er zu ihr passt«, erläutert Bruder Pascal. Die Postulanten haben einen halben Tag pro Woche Unterricht bei Bruder Pascal, in dem sie mit der klösterlichen Liturgie vertraut gemacht werden. »In dieser Zeit habe ich ein besonderes Auge auf die jungen Mitbrüder und stehe ihnen mit Rat und Tat zur Seite. Wir sind immer im Gespräch.«

Nächste Station nach dem Postulat ist das Noviziat, das sich vom lateinischen Begriff novus, »neu«, ableitet. »Über die Aufnahme ins Noviziat entscheidet die Klostergemeinschaft nach Ende des Postulats in geheimer Abstimmung«, erzählt Bruder Pascal.

Mit dem Eintritt ins Noviziat erfolgt die Einkleidung. Die Novizin oder der Novize erhält den Habit (abgeleitet vom lateinischen habitus = »Haltung«, »Gestalt«), das Ordensgewand. Es unterscheidet sich allerdings noch von demjenigen, das die Ordensleute mit ewigen Gelübden besitzen. »Wir Novizinnen tragen statt des schwarzen einen weißen Schleier«, erläutert Sr. Antonia, Novizin bei den Kölner Benediktinerinnen.

»Die Männer im Noviziat haben ein kürzeres Skapulier, das über dem Untergewand getragene, Vorder- und Rückseite bedeckende längliche Tuch, das wohl ursprünglich einmal als Schürze gedacht war. Außerdem besitzen sie statt der schwarzen weitärmeligen Kukulle nur eine Mantille, eine Art kurzes Mäntelchen«, erzählt Bruder Pascal.

Kleider machen Leute.
Jetzt ist Jesus unser Kleid, unser »Habitus«, unsere Gewohnheit.

Das Noviziat dauert in der Regel zwei Jahre. In dieser Zeit erhalten die Kandidaten Unterricht durch den Novizenmeister und werden intensiv auf das Klosterleben vorbereitet. In Münsterschwarzach unterrichtet Bruder Pascal seine Novizen im ersten Jahr von Montag bis Freitag drei Stunden täglich: »Darunter sind Fächer wie beispielsweise die Beschäftigung mit der Heiligen Schrift, Benediktinische Spiritualität, Ordensgeschichte, Einführung in die Gregorianik, Liturgie und Meditation. Zusätzlich erhalten die Schüler noch Unterricht durch den Abt. Und einmal pro Woche findet im Kreis der Novizen eine Gesprächsrunde statt.«

Das erste Noviziatsjahr ist das kanonische Jahr, das seinen Namen vom Kanonischen Kirchenrecht hat. »In diesen zwölf Monaten sind die Außenkontakte stark eingeschränkt, das bedeutet zum Beispiel Verzicht aufs Internet, kaum Telefonate, kein Handy, wenige Korrespondenzen, kein Urlaub und keine Übernachtung außerhalb des Klosters«, beschreibt Sr. Antonia.

Was sich, von außen betrachtet, so strikt darstellt, sieht Bruder Pascal als eine Chance für die Kandidaten: »Man schafft Raum für sie, damit sie ankommen können.«

Man ahmt den heiligen Benedikt nach, der zu Beginn seines Weges drei Jahre lang in der Abgeschiedenheit einer Höhle gelebt hat. Nichts sollte ihn davon ablenken, ganz zu sich selbst zu kommen.

Das zweite Noviziatsjahr hat mehr Bezug zu den klösterlichen Arbeitsaufgaben. »Die Kandidaten übernehmen Tätigkeiten im Konvent und den klösterlichen Betrieben. In Münsterschwarzach findet dann kein regelrechter Unterricht mehr statt«, so Novizenmeister Bruder Pascal, der die jungen Mitbrüder aber nach wie vor in Gesprächen begleitet.

Nach dem Noviziat erfolgt die zeitliche Profess, das öffentliche Versprechen, nach Regeln und Satzungen des Ordens zu leben. Diese erneute Prüfungszeit dauert in der Regel drei Jahre.

»Erst dann erfolgt die feierliche ewige Profess. Öffentlich geloben die Kandidaten, lebenslang nach den Regeln des Ordens zu leben und legen die ewigen Gelübde (siehe dort) ab – Beständigkeit, klösterlicher Lebenswandel und Gehorsam«, schildert Bruder Pascal.

Erst nach dieser rund fünfeinhalbjährigen Probezeit ist der Bewerber voll integriertes Mitglied der Klostergemeinschaft.

»Offen rede man mit ihm über alles Harte und Schwere auf dem Weg zu Gott.« **Benediktsregel 58,8**

»Sollte es jedoch aus wohlüberlegtem Grund etwas strenger zugehen, um Fehler zu bessern und die Liebe zu bewahren, dann lass dich nicht sofort von Angst verwirren und fliehe nicht vom Weg des Heils; er kann am Anfang nicht anders sein als eng. Wer aber im klösterlichen Leben fortschreitet, dem wird das Herz weit, und er läuft in unsagbarem Glück der Liebe den Weg der Gebote Gottes.«

Benediktsregel, Prolog 47–49

Was sind eigentlich die ewigen Gelübde?

»Wir Benediktiner legen bei der ewigen Profess, also dem feierlichen, in der Öffentlichkeit vorgetragenen Gelöbnis, sich lebenslang an das Ordensleben zu binden, drei Gelübde ab«, sagt Abt Michael, »dies sind Beständigkeit, klösterlicher Lebenswandel und Gehorsam.«

Beständigkeit (= stabilitas) bedeutet, sich auf ewig an den Orden zu binden. Bei den Benediktinern und Zisterziensern heißt dies auch, sich lebenslang an denselben Ort zu binden. Also das ganze Leben in der Regel immer im selben Kloster zu verbringen und damit in dem einmal gewählten Lebensraum auszuharren. »In unserer auf Mobilität ausgerichteten Zeit scheint eine solche Entscheidung archaisch zu sein, denn die Menschen von heute sind immer gleichzeitig mit aller Welt in Kontakt«, stellt Abt Michael fest, »doch wir Klöster sind beständig und damit ein Ort, auf den man sich verlassen kann. Indem wir an einem Ort bleiben, kommt innere Bewegung in Gang. Man begibt sich auf eine innere Reise.«

»Klösterlicher Lebenswandel (= conversatio morum)«, erklärt Abt Michael, »umfasst ein Leben in Keuschheit und Gütergemeinschaft. Was das Kloster und seine Betriebe verdienen, gehört der gesamten Gemeinschaft. Ebenso alle Werte des Konvents. Im Kloster herrscht so eine Art christlicher Kommunismus«, fährt Abt Michael schmunzelnd fort, »jedem gehört alles, und alles gehört der Gemeinschaft.« In der Klausur des Klosters Münsterschwarzach gibt es eine Art »Tante-Emma-Laden«. Dort bekommen die Mönche alle Dinge für den täglichen Bedarf, ohne dafür mit barer Münze bezahlen zu müssen. »Wer etwas Notwendiges braucht, was es dort nicht gibt, kann es sich außerhalb des Klosters besorgen. Das Geld dafür erhält er vom Cellerar, dem Verwalter des Klosters«, erzählt Bruder Benno, »natürlich muss die Ausgabe begründet sein. Ich kann mir nicht einfach etwas kaufen, nur weil ich Lust darauf habe.«

Gehorsam (= oboedientia) ist die dritte Komponente der klösterlichen Gelübde. »Gehorsam ist dabei im Sinne von ›horchen‹, ›zuhören‹ gemeint. Gehorsam bedeutet hinzuhören auf die Mitbrüder«, sagt Abt Michael und fährt fort: »In diesem Sinne muss der Abt der Gehorsamste sein.« Gehorsam im klösterlichen Sinne bedeutet auch aufzumerken, wo man helfen kann, wo man benötigt wird, wo man die Gemeinschaft unterstützen kann. Also aufmerksam und dialogbereit zu sein. Der Gehorsam soll verhindern, nur um sich selbst zu kreisen.

> Die Gelübde sind ein Versprechen an Gott, das gegeben werden kann, weil die Mönche darauf vertrauen, dass Gott für sie wirklich das Beste will und der Beste ist. In dieser Zuversicht kann ihm ein Mönch oder eine Nonne alles schenken. Wenn die Mönche und Nonnen ihr Gelübde ablegen, dann singen sie mit ausgebreiteten Armen: »Nimm mich auf, o Herr, nach deinem Wort, und ich werde leben. Und lass mich nicht zuschanden werden in meiner Hoffnung.«
>
> »Freu Dich innig am Herrn, dann gibt er Dir, was Dein Herz begehrt.«
>
> Psalm 37

Was passiert, wenn man wieder aus dem Kloster austreten möchte?

Aus einem Kloster kann man auch austreten, wenn man nach reiflicher Prüfung feststellt, dass dies nicht mehr der Weg ist, den man ein Leben lang gehen möchte oder kann.

»Wenn jemand aus dem Kloster austritt, ist das ein schwerer Schlag für die Kommunität«, sagt die 77-jährige Sr. Odilia, die im Laufe von rund 50 Klosterjahren schon so manches erlebt hat. »Aber viele derjenigen, die bei uns im Laufe der Jahre ausgetreten sind, bleiben dem Konvent verbunden und kommen auch wieder mal zu Besuch.«

»Rund fünfzig Prozent der in Deutschland eingetretenen Ordensleute verlassen das Kloster wieder«, berichtet Bruder Stephan. Hier sind natürlich auch die Novizen und zeitlichen Professen eingeschlossen, die sich noch nicht endgültig gebunden hatten.

Der Prozess der Entbindung von den Ordensgelübden (Exklaustration, abgeleitet vom lateinischen exclaustrare = ausschließen) ist ein langwieriges und aufwendiges Prozedere. Deshalb hat man ja auch die lange Probezeit vor dem Ablegen der ewigen Gelübde eingeführt. Die Kandidatin beziehungsweise der Kandidat soll sich wirklich über mehrere Jahre prüfen und sicher sein, dass er sich ein Leben lang ans Ordensleben binden möchte. Damit sollen Klosteraustritte möglichst vermieden werden.

»Wer den Austritt aber vollziehen möchte, kann nicht einfach von der Klosterleitung, also Äbtissin oder Priorin, von den Gelübden entbunden werden. Nach der zeitlichen Profess muss der Austritt beim Bischof der zuständigen Diözese beantragt und von diesem genehmigt werden.« Bei den Benediktinern ist dafür der Präses der Kongregation mit seinem Rat zuständig. »Nach der ewigen Profess (siehe dort) muss ein solcher Antrag gar bei der Religiosenkongregation in Rom eingereicht werden«, erklärt Sr. Johanna, »die Lösung von den Gelübden erfolgt dann direkt durch Rom.«

Wer diesen Prozess vollzogen hat, muss dem Kloster beim Austritt keine Entschädigung zahlen. Je nach Lage der Dinge kann aber das Kloster einem Mitglied, das austritt, eine finanzielle Starthilfe mitgeben. »Ein Austritt aus dem Kloster ist wie eine Scheidung«, erzählt Bruder David, also meistens sehr schmerzlich für beide Seiten.

Wenn während der Klosterjahre nichts in die Rentenkasse gezahlt wurde, weil das Kloster die Altersvorsorge beispielsweise in Form von Lebensversicherungen vorgenommen hat, so erfolgt nach Austritt eine entsprechende Nachzahlung.

Um den aufwendigen und auch emotional belastenden Prozess des endgültigen Austritts zu vermeiden, beurlauben auch manche Klöster ihre zweifelnden Mitglieder für eine gewisse Phase. Dies geschieht oft in der Hoffnung, dass sich der klösterliche Weg für den Zweifelnden mit ein wenig Abstand letztendlich doch als der richtige erweist.

> »Sollte er ... das Kloster verlassen, was ferne sei, dann ziehe man ihm die Sachen des Klosters aus und entlasse ihn. Seine Urkunde aber, die der Abt vom Altar genommen hat, soll er nicht zurückbekommen, sondern sie werde im Kloster zurückbehalten.«
>
> Benediktsregel 58,28–29

Der Mikrokosmos Kloster

Das Leben im Kloster

Wie sieht die klösterliche Tagesstruktur aus?

»Die Gebetszeiten zeigen, dass das Arbeiten nicht das Wichtigste ist«, sagt Pater Anselm Grün.

Gebetszeiten gibt es viele im Kloster. Sie strukturieren den ganzen Tag. »Der Tagesrhythmus gibt unserem Leben Halt«, beschreibt es Pater Fidelis Ruppert.

Der Morgen im Kloster beginnt sehr früh. In Münsterschwarzach um 5.05 Uhr mit der etwa 45-minütigen Morgenhore, dem ersten Gebet des Tages. In anderen Klöstern kann es auch ein wenig später sein, beispielsweise um 5.30 oder 6 Uhr. Aber selten danach.

Auf das erste Chorgebet folgt eine stille Zeit, die jedes Klostermitglied selbst gestalten kann. Abt Michael nutzt sie auf seine Weise: »Ich gehe zwischen 5.45 und 6.15 Uhr betend durch den Klausurgarten. Im Winter, wenn es zu kalt dafür ist, lese ich auf meiner Zelle.« Manches Klostermitglied meditiert oder hört besinnliche Musik.

Um 6.15 Uhr ist in Münsterschwarzach das Konventamt. In Köln findet die tägliche Eucharistiefeier um 7 Uhr statt.

Danach gibt es Frühstück und dann sind die kleinen Aufgaben zu erledigen, die auch außerhalb der Klostermauern zu regeln sind. Selbst für Abt Michael gibt es da keine Ausnahme: »Ich räume vor dem Frühstück mein Zimmer auf und mache es sauber.«

Zwischen 8 und 12 Uhr ist der vormittägliche Arbeitsblock. Dann gehen die Ordensleute ihren Aufgaben nach. Kurz vor 12 Uhr läutet die Glocke zur Mittagshore. Für dieses Gebet muss die Arbeit unterbrochen werden. »Es ist mit der beruflichen Tätigkeit oft nicht leicht vereinbar, dass man dann seine Arbeit unterbrechen muss«, sagt Pater Mauritius, der den klostereigenen Vier-Türme-Verlag leitet, »aber so besteht keine Gefahr, dass man mit der Arbeit verheiratet ist. Im Gegenteil, man lernt auch mal loszulassen, man organisiert sich einfach besser.«

Nach Mittagsgebet und gemeinsamer Mahlzeit ist im Kloster Mittagsruhe, in der Regel bis 13.30 Uhr. Da Ordensleute sehr früh aufstehen, brauchen sie diese Ruhephase einfach.

Bis 17 Uhr geht es dann wieder an die Arbeit. »Pausen relativieren die Dinge, deshalb ist die Tagesstruktur im Kloster sehr gut«, sagt Bruder David. Dies bestätigt auch Sr. Emmanuela: »Pausen zu machen ist viel effektiver, als ständig durchzuarbeiten.«

Um 18 Uhr beginnt das nächste Chorgebet, die Vesper. Anschließend wird das gemeinsame Abendessen im Refektorium (abgeleitet vom lateinischen refectio = Labung), dem klösterlichen Speisesaal, eingenommen.

Das Ende des Tages bildet das letzte Chorgebet, die Komplet. Je nach Kloster findet es zwischen 19.30 und 20 Uhr statt. Den Tagesabschluss gestaltet jedes Klostermitglied individuell, Abt Michael beispielsweise lässt den Tag bewusst ausklingen: »Ich versuche, danach nicht mehr am Computer zu sitzen. Ich fahre mit dem Rad oder lese etwas.«

Den Gebetszeiten dürfen die Ordensmitglieder nur in begründeten Ausnahmefällen fernbleiben. Ausnahmefälle sind beispielsweise laut Pater Fidelis die betagten Mönche: »Ältere Mitbrüder, die gesundheitliche Probleme haben, können oft auch selber entscheiden, ob sie an bestimmten Gebetszeiten teilnehmen können oder nicht.«

Der klare Rhythmus strukturiert den Klosteralltag und hat sich seit Jahrhunderten bewährt. »Man muss keine Energie aufwenden, um den Tag zu strukturieren. Die grundlegenden Dinge sind organisiert«, bringt es Pater Mauritius auf den Punkt. Und Pater Anselm ergänzt: »Ein gut rhythmisiertes Leben bringt Energie.«

Sr. Emmanuela sagt es mit anderen Worten, meint aber das gleiche: »Gebetszeiten setzen mehr Energie frei als sie Energie rauben.«

Die Mönche unterbrechen ihren Tag, weil sie Gott nicht vergessen wollen. »Siebenmal am Tag singe ich dein Lob«, heißt es im Psalm 119. Rund um die Uhr soll Gott verherrlicht werden.

»Dem Gottesdienst soll nichts vorgezogen werden.«

Benediktsregel 43,3

Tipp: Unterbrechung der Arbeitswelt

Warum stehen Ordensleute so früh auf?

»Der Morgen ist, geistlich betrachtet, die beste Zeit«, sagt Pater Mauritius. Der Tag im Kloster beginnt, wie wir schon erfahren haben, sehr früh. Zwischen 4 und 5 Uhr läutet in den meisten Konventen die Glocke zum Aufstehen.

Viele Ordensleute nutzen die Phase vor dem ersten gemeinsamen Gebet zur persönlichen Vorbereitung auf den Tag. Zum Beispiel indem sie meditieren, beten oder etwas lesen.

Oft sind jedoch nach dem Aufstehen bereits die ersten Arbeiten zu erledigen. Sr. Bernadette zum Beispiel hat ab 4.45 Uhr Frühdienst in der Infirmerie, der Krankenstation des Klosters. Zur Laudes, dem ersten Morgengebet, ist sie dann in der Kirche.

Pater Mauritius beschreibt, welchen Sinn das frühe Aufstehen im Kloster hat: »Der Morgen ist noch frei von der Unruhe des Tages. In der Nacht hat man losgelassen, und in den frühen Morgenstunden ist man daher offen für das Gebet.«

Für die Novizen ist das frühe Aufstehen meist erst einmal beschwerlich. Es dauert seine Zeit, bis sie sich an den Klosterrhythmus gewöhnt haben: »Die Zeitumstellung ist für Klosterneulinge wirklich krass. Aber nach einer Weile akzeptieren sie das frühe Aufstehen und können ihm sogar etwas abgewinnen«, schildert der Novizenmeister Bruder Pascal.

»Frühes Aufstehen ist gewöhnungsbedürftig«, erinnert sich Sr. Emmanuela noch an ihre erste Zeit im Kloster. Und auch heute noch, nach 26 Jahren im Konvent, hat sie mit dem Aufstehen hin und wieder ihre Probleme. Genauso wie Bruder Benno: »Wenn die Glocke morgens um 4.35 Uhr läutet, fällt es mir manchmal schon schwer, aus dem Bett zu kommen. Vor allem im Winter.« Bruder Benno trat bereits 1956 ins Kloster ein.

Viele Ordensleute aber schätzen gerade die frühen Morgenstunden, in denen sich die Hektik noch nicht breit gemacht hat, und sie sich in aller Ruhe auf den Tag einstimmen können: »Die Entscheidung, früh aufzustehen, habe ich ja bereits am Vorabend getroffen. So gibt es am Morgen kein Zögern mehr, selbst wenn ich müde bin. Meine Müdigkeit kann ich dann im Gebet Gott hinhalten«, sagt Pater Mauritius. Und Schwester Odilia ergänzt: »Wenn man früh aufsteht, kann man den Tag besser nutzen.«

> »Wacht auf, Harfe und Saitenspiel! Ich will das Morgenrot wecken.«
>
> Psalm 108,3

Was bedeutet eigentlich »ora et labora«?

»Ora et labora« (= Bete und arbeite) ist ein Grundprinzip der benediktinischen Klöster.

Der Tag soll aus Gebet und Arbeit bestehen, das war die Intention des hl. Benedikt (480–543), der als Begründer des abendländischen Mönchtums gilt. Und so wird es seit Jahrhunderten in den benediktinischen Klöstern praktiziert. Gebet und Arbeit – beide Komponenten sollen im Einklang sein.

»Das Motto ›ora et labora‹ ist zeitlos«, sagt Pater Mauritius, »und demonstriert dadurch Beständigkeit. Es hat sich über Jahrhunderte bewährt.«

So erklärt sich auch die Tagesstruktur der Klöster (siehe dort). Es ist ein Wechsel zwischen Gebetszeiten und Arbeitsphasen. »Dabei hat jede Gebetszeit ihren eigenen Charme«, sagt Pater Mauritius.

In der Regel treffen sich die Klosterbewohner fünfmal am Tag zum Chorgebet (= ora). Dafür müssen sie ihre Arbeit (= labora) immer unterbrechen.

»Dreieinhalb Stunden täglich singen wir das Chorgebet«, sagt Sr. Johanna, die Priorin der Kölner Benediktinerinnen.

Mit dem gemeinsamen Gebet wird der Tag begonnen, und ein Chorgebet bildet den gemeinsamen Abschluss des Tages. Dazwischen liegen die Arbeitsphasen.

Warum gibt es im Kloster so viele Rituale?

»Rituale bringen Struktur in den Alltag und sind Ausdruck des Gemeinschaftlichen«, sagt Bruder Pascal auf die Frage nach dem Sinn von Ritualen, »sie führen mich und machen deutlich, dass ich zu dieser Gemeinschaft gehöre.«

Rituale ziehen sich im Kloster wie ein roter Faden durch den Tag. Sie alle aufzuzählen, würde ein ganzes Buch füllen. Der gemeinsame Einzug beim Chorgebet, das gemeinsame Singen und Beten, das Aufstehen und Niedersetzen während des Singens von Psalmen, der Ablauf der Mahlzeiten, die Lesungen bei Tisch sind nur einige Beispiele.

»Rituale bedeuten Beständigkeit und geben Sicherheit. Man kann sich darauf freuen, denn man weiß, was kommt«, betont Sr. Cornelia.

Manche Rituale sind für den Klosterbesucher deutlich erkennbar, andere finden aber auch mehr im Verborgenen statt: »Wenn wir beim Chorgebet nicht den richtigen Ton getroffen haben, schlagen wir uns zur Entschuldigung an die Brust. Diese Entschuldigung gilt gegenüber Gott, aber auch gegenüber den Mitbrüdern, die ich mit meinem falschen Ton vielleicht verunsichert habe«, erzählt Pater Mauritius. Und er gibt ein weiteres Beispiel für ein Ritual: »Wenn jemandem während der Mahlzeiten etwas zu Boden fällt, steht er auf und verneigt sich kurz vor dem Kreuz im Refektorium, danach setzt er sich wieder.«

Was für den Außenstehenden manchmal vielleicht nicht ganz nachvollziehbar ist, hat für die Ordensleute eine grundlegende Bedeutung: »Das Strukturierte hier im Kloster, das man sich total einverleiben muss, tut mir besonders gut«, beschreibt es Sr. Maria-Gertrud, die ja erst wenige Jahre im Kölner Kloster ist. »Dadurch ist alles geordnet«, bestätigt ihre Mitschwester Odilia, »auch wenn es manchmal ein bisschen zu viel ist. Ich bin immer zur Stelle.«

Rituale im Kloster bedeuten Beständigkeit, denn sie prägen das Klosterleben zum Teil bereits seit Jahrhunderten. »Rituale veralten nicht«, sagt Bruder Pascal, der als Novizenmeister in Münsterschwarzach die neuen Klostermitglieder mit den Ritualen vertraut macht. Sie geben ihnen Sicherheit, Vertrautheit und das Gefühl der Zusammengehörigkeit. »Rituale sind der Rahmen für das Leben. Denn der Fluss einer Gemeinschaft braucht ein Bett, in dem er ruhig dahinfließen kann«, beschreibt es die Kölner Priorin Sr. Johanna.

»Der Kopf will immer das Neue. Das Herz will immer dasselbe.«

Erhart Kästner

Warum tragen Ordensleute ein spezielles Gewand?

»Ich habe den Eindruck, dass ich mit dem Habit für manche Menschen so etwas wie den Rang oder die Würde einer alten Dame habe«, sagt Bruder David scherzhaft. Was er damit meint: Die Menschen gehen distanziert und vor allem respektvoll auf ihn zu, manche junge Menschen allerdings auch etwas skeptisch.

»Das Ordensgewand ist für mich sehr wichtig, denn es ist ein für alle sichtbares Zeichen, dass ich mich für diese Lebensweise entschieden habe«, sagt Sr. Ursula, »ich trage das Kleid heute mit großer Selbstverständlichkeit. Es ist für mich eine Art Erinnerung an mein Getauftsein.«

Nicht in allen Orden ist ein Ordensgewand vorgeschrieben. Jesuiten und Salesianer beispielsweise tragen zivile Kleidung und sind manchmal lediglich durch ein kleines Zeichen erkennbar, beispielsweise ein kleines Kreuz am Revers.

Benediktiner aber tragen ein schwarzes Ordensgewand. Es besteht aus einem langen, vorne geknöpften Untergewand, dem sogenannten Habit und dem darüber getragenen Skapulier, einer über den Kopf gezogenen nach vorne und hinten hängenden Stoffbahn, die wohl früher als Schürze gedient hat. »Im Winter und bei besonders feierlichen Anlässen tragen wir die sogenannte Kukulle, ein langes weites Gewand mit vielen Falten und weiten Ärmeln«, erzählt Bruder Benno.

Die Ordenstracht der Benediktinerinnen ist etwas aufwendiger. »Der Schleier, der besteht aus verschieden Teilen«, erläutert Sr. Antonia die einzelnen Bestandteile ihrer Kopfbedeckung: »Mit etwas Übung ist man rasch vollständig angekleidet, und die Haare sind dann vollständig verdeckt.« Am Körper tragen die weiblichen Ordensmitglieder

Habit und Skapulier, genau wie ihre Mitbrüder. »Mit diesem Gewand grüßen mich Menschen, die mich früher nicht beachtet haben«, erzählt Sr. Antonia, »negative Reaktionen habe ich noch nicht erlebt, nur eine lustige. An einem recht heißen Sommertag kam ein Punk auf mich zu mit den Worten: ›Mädchen, du hast definitiv die falsche Kleidung.‹«

Die Gewänder anderer Orden haben ihre eigenen Besonderheiten. Franziskaner beispielsweise tragen einen braunen Habit und eine Kordel als Gürtel. Zisterzienser haben eine weiße Ordenstracht mit schwarzem Skapulier.

Und was tragen Ordensleute unter dem Gewand? »Das, was Menschen außerhalb des Klosters ebenfalls tragen«, erläutert Sr. Antonia, »an heißen Tagen Short und T-Shirt und im Winter Leggings oder Hosen und Pullover.«

Bei den männlichen Ordensmitgliedern kann man die Unterkleidung hin und wieder herausblitzen sehen und erkennt: Auch dort sind praktische Jeans und T-Shirt oder Pullover in Mode.

Für Männer gibt es noch den kurzen Arbeitshabit, eine Art Kapuzenjacke.

In der Freizeit oder auch außerhalb des Klosters dürfen Ordensleute heutzutage auch zivile Kleidung tragen. So manches Ordensmitglied zieht aber auch da die Ordenstracht vor: »Mit dem Ordensgewand habe ich sozusagen Christus angezogen, das möchte ich damit dokumentieren, und viele Menschen reagieren positiv darauf«, sagt Sr. Bernadette.

> »Ihr alle, die ihr auf Christus getauft seid, habt Christus als Gewand angelegt.«
>
> Galaterbrief 3,27

Warum tragen Ordensfrauen einen Ring?

Obwohl unverheiratet, tragen die meisten Ordensfrauen einen Ring, der aussieht wie ein Ehering. »Ring und Schleier sind Zeichen der Vermählung mit Christus«, erläutert Sr. Johanna diese klösterliche Symbolik.

»Als Novizin trage ich noch keinen Ring«, sagt Sr. Antonia. Diesen erhalten die Ordensfrauen erst mit dem Ablegen der ewigen Gelübde. Damit dokumentieren sie ihre Zugehörigkeit zu Christus. Sie sind damit – bildhaft gesprochen – an ihn vergeben und nicht mehr frei für eine andere Bindung.

»Viele Ordensfrauen tragen den Ring rechts, aber ich habe ihn an der linken Hand, weil das für mich praktischer ist«, sagt Sr. Johanna.

Unter den männlichen Ordensmitgliedern tragen lediglich die Äbte einen Ring: »Ring und Kreuz sind Insignien dieses Amts«, sagt Abt Michael, »bei feierlichen Gottesdiensten noch Stab und Mitra« – die spitz zulaufende ›Bischofshaube‹.«

Die Ringe der Äbte werden in der Regel nach der Abtwahl eigens für den neuen Amtsinhaber angefertigt und sind oft Beispiele kunstvoller Goldschmiedearbeiten.

Manche Klöster besitzen ja heute noch Gold- und Silberschmieden, auch Münsterschwarzach.

Bei den Ringen der Ordensfrauen handelt es sich dagegen meist um schlichte Goldreifen.

> »Der Geliebte ist mein und ich bin sein.«
>
> Hoheslied 2,16

Warum nimmt man im Kloster eigentlich einen neuen Namen an?

Mit dem Eintritt ins Kloster nehmen die neuen Mitglieder in den meisten Orden einen neuen Namen an. »Damit dokumentieren wir, dass für uns nun ein neuer Lebensabschnitt beginnt«, erläutert Bruder Pascal den Sinn dieser Regelung. »Das neue Klostermitglied kann dem Abt drei Namensvorschläge unterbreiten. Auf dieser Liste kann auch der eigene Taufname sein. Wichtig ist nur, dass keine Namen aufgelistet werden, die im Kloster schon vergeben sind.«

Sr. Odilia hat in ihre Vorschlagsliste den Namen ihrer Mutter aufgenommen, und diesen dann auch als Klosternamen erhalten: »Meine Mutter wollte nicht, dass ich ins Kloster ging. Ich habe dann ihren Namen mit vorgeschlagen, um ihr eine Freude zu machen.«

Bei der Wahl des Namens hat der Abt beziehungsweise die Äbtissin oder Priorin, also die Klosterleitung, das letzte Wort.

»Ich habe meiner Priorin neben Antonia noch Paula und Magdalena vorgeschlagen«, sagt Sr. Antonia, die auf den Namen Margret getauft wurde und sich über die Wahl des Namens Antonia freute: »Antonia habe ich in Anlehnung an den Wüstenvater Antonius vorgeschlagen, weil ich in der Enge des Klosters die Weite der Wüste suchte.«

Bruder Zacharias, auf den Namen Götz getauft, schlug seinen Klosternamen vor, weil er ihm im Evangelium auffiel: »Zacharias sollte hören lernen, und das Hören und Zuhören ist doch ein ganz wichtiger Punkt in unserem Leben.«

Die Schwestern Ursula und Cornelia hatten in ihren Vorschlagslisten auch ihre Taufnamen aufgeführt und diese dann behalten, genauso war es bei der Kölner Priorin, Sr. Johanna. So mussten sich Familie und Freunde nicht umstellen. Denn für sie ist es manchmal schwierig, die vertraute Person mit einem anderen Namen anzusprechen, wie Sr. Antonia bestätigen kann: »Meine Familie und die Freunde bleiben nach wie vor bei Margret, wenn sie mich ansprechen.«

> »Ich habe dich beim Namen gerufen, du gehörst mir.«
>
> Jesaja 43,1

Warum gibt es im Kloster eine Klausur?

Die Klausur (abgeleitet vom lateinischen claudere = schließen, abschließen) ist sozusagen der innerste Bereich des Klosters, der nur von den Ordensmitgliedern selbst betreten werden darf. »Die Klausur ist unser Privatbereich, in dem unsere Klosterzellen liegen und die wichtigsten Räume des Gemeinschaftslebens«, erläutert Pater Fidelis den Sinn dieser Einrichtung, »dort sind wir unter uns, dort herrscht der Schutz der Stille. Gerade weil auf unserem Klostergelände viel los ist, und wir in vielerlei Aktivitäten verwickelt sind, ist der stille Klausurbereich ein Segen. Früher herrschten viel strengere Klausurregeln, vor allem in Frauenklöstern.«

In manchen Klöstern sieht man heute noch in Besuchszimmern Gitter, hinter denen sich die Nonnen aufhalten mussten, wenn sie mit Gästen sprechen wollten. Da war nur ein Austausch von Worten und Gesten möglich, kein weiterer Kontakt. Inzwischen haben sich die Vorschriften wesentlich gelockert.

»In unserem Klausurbereich befinden sich das Refektorium, der Kapitelsaal und die Klosterzellen«, erzählt Pater Fidelis.

Manche Klöster beherbergen mittlerweile sogar Gäste in freien Klausurzellen. In Männerklöstern in der Regel allerdings nur männliche und in Frauenklöstern nur weibliche Gäste.

Gerade weil viele Gäste in die Klöster kommen, brauchen die Mönche auch einen klar abgegrenzten Raum für sich.

»Das Kloster soll, wenn möglich, so angelegt werden, dass sich alles Notwendige, nämlich Wasser, Mühle und Garten, innerhalb des Klosters befindet und die verschiedenen Arten des Handwerks dort ausgeübt werden können. So brauchen die Mönche nicht draußen herumlaufen, denn das ist für sie überhaupt nicht gut.«

Benediktsregel 66,6–7

»Das Übel des heutigen Menschen besteht darin, dass er es nicht mehr allein in seinem Zimmer aushalten kann.«

Blaise Pascal

1623 – 1662

Im Kloster hört man so viel vom »rechten Maß« – was hat das zu bedeuten?

Sr. Odilia, eine der Seniorinnen im Kloster, hat eine eindeutige Vorstellung vom rechten Maß: »Es bedeutet, schnell und flink seinen Pflichten nachzukommen. Alles korrekt zu erledigen, aber sich nicht in irgendwelchen Dingen zu verspielen.«

Das »rechte Maß« spielt in der Regel des heiligen Benedikt eine wesentliche Rolle. Für ihn war es wichtig, dass seine Mitbrüder und -schwestern nichts übertreiben und alles im ausgewogenen Verhältnis tun sollten – beispielsweise beten und arbeiten, meditieren und ruhen, essen und fasten, kurz – alle Dinge des täglichen Lebens. Daraus erklärt sich auch die klösterliche Tagesstruktur (siehe dort).

»Für mich bedeutet das ›rechte Maß‹, sich nicht zu verzetteln«, sagt Schwester Cornelia, »sich gut zu organisieren. Der Arbeit ihre Zeit zu geben, sie aber dann auch ruhen zu lassen und aufzutanken im Gebet. Das lernt man im Kloster.« Ähnlich sieht es Sr. Johanna: »Man sollte sich nicht in eine Sache verrennen.«

»Ich habe hier gelernt, mich nicht über die Arbeit zu definieren, deshalb muss ich sie auch nicht über das gesunde Maß ausdehnen«, sagt Bruder David, der in Münsterschwarzach für das Lohnbüro zuständig ist.

Das »rechte Maß« beziehen Klosterleute aber nicht nur auf Arbeit und Gebet, sondern auf alle Bereiche des täglichen Lebens. Beispielsweise auf das Essen – man soll nicht zu viel zu sich nehmen, aber auch nicht hungern. Oder auf die Kommunikation – man soll keine überflüssigen Worte von sich geben, aber auch nicht im Schweigen versinken.

Oder auf Besitztümer – man darf einige persönliche Dinge haben, aber keine Gegenstände horten.

So bestimmt das »rechte Maß« das Leben im Kloster, damit die Ordensleute ihre vielfältigen Aufgaben meistern können – mit Erfolg, wie es scheint: »Ein Burn-out-Syndrom habe ich im Kloster noch nicht erlebt«, sagt Pater Anselm.

Wie man das »rechte Maß« lernen kann? Pater Fidelis, der ehemalige Abt von Münsterschwarzach, beschreibt es sehr anschaulich: »Die erste Frage ist doch, warum verliere ich überhaupt das Maß? Wie komme ich mir auf die Schliche und erkenne, warum ich das gesunde Maß verloren habe? Ich muss lernen, mich selbst zu erkennen und zu durchschauen. Dafür brauche ich jemanden, mit dem ich über mich selbst reden kann. Darüber hinaus ist unsere Ordnung ein wichtiger Indikator: Wenn ich immer wieder mit der Ordnung in Konflikt gerate, dann habe ich wohl das rechte Maß verloren. Die gemeinsame Ordnung hält mir einen Spiegel vor.«

> »Alles aber geschehe der Kleinmütigen wegen maßvoll.«
> **Benediktsregel 48,9**

Das Gemeinschaftsleben

Gemeinsam leben – warum machen das die Ordensleute und wie funktioniert es?

»Wir sind eine Familie, und bei uns kreist alles ums Gotteslob«, sagt Sr. Odilia.

Ordensleute leben in einer Gemeinschaft. Sie haben sich dafür entschieden, keine eigene Familie zu gründen, sondern im Kreis von Mitbrüdern oder -schwestern zu leben. Sie leben miteinander unter einem Dach, teilen die Besitztümer, die Einkünfte, die Arbeit, die Zeit, Probleme und Freuden und sind damit enger miteinander verbunden als so manche Familienmitglieder außerhalb des Klosters. »Unsere Gemeinschaft ist ein Miteinander-auf-dem-Weg-Sein«, beschreibt es Sr. Cornelia, und ergänzt: »Eine solche Gemeinschaft kann tragen.«

Dieses enge Zusammenleben von Menschen, die nicht miteinander aufgewachsen sind und erst im Erwachsenenalter zusammengefunden haben, verläuft nicht immer glatt und reibungslos. Wie auch in anderen Gemeinschaften, tauchen im täglichen Klosterleben Konflikte auf. »Unsere Gemeinschaft funktioniert wie eine Großfamilie, da gibt es natürlich auch Reibungen und Meinungsverschiedenheiten«, sagt Sr. Emmanuela. »Wir Schwestern leben hier auf so engem Raum, dass man nicht nur Verträglichkeiten hat«, gibt auch Sr. Antonia ehrlich zu, »hier kracht's auch manchmal, das muss aber auch so sein. So lernt man sich auf eine andere Art auch selber besser kennen.« Und Sr. Ursula ergänzt: »Das Leben im Kloster bringt zwischenmenschlich große Herausforderungen mit sich. Aber außerhalb des Klosters oder in einer Gruppe aus beiden Geschlechtern wäre es sicherlich nicht einfacher.«

»Manchmal gibt es im Kloster auch richtig Streit«, erzählt Sr. Ursula ganz offen, »aber dann geht man wieder aufeinander zu. Unter Umständen unter Vermittlung durch die Priorin.«

Um so wichtiger empfinden es die Klosterleute, Konflikte und Probleme offen anzugehen. »Man muss ein offenes Ohr für kritische Stimmen haben und selbstkritisch leben«, sagt Pater Fidelis, der als Abt 24 Jahre dem Kloster Münsterschwarzach vorstand, »und wir müssen immer wieder überlegen, wie das Wir-Gefühl gestärkt werden kann.« Auch Sr. Emmanuela sagt: »Wir müssen versuchen, akute Konflikte zu vermeiden, andere im So-Sein verstehen. So sollte es ja eigentlich in jeder Lebensgemeinschaft sein.«

Das Zusammengehörigkeitsgefühl, gemeinsam auf dem Weg zu sein im Dienste Gottes, ist es, was Klosterleute – jung wie alt – besonders schätzen. Bruder Zacharias, eines der jüngeren Ordensmitglieder, empfindet es so: »Die Gemeinschaft als Ganzes trägt uns, dennoch kann hier jeder ›Sein's‹ leben.«

Und die alten Ordensmenschen fühlen sich im Kloster besonders gut aufgehoben. »Als alter Mensch ist man in unserer Gemeinschaft mehr geborgen als draußen«, sagt die 77-jährige Sr. Odilia.

»Unsere Lebensform ist eine unter vielen, für mich ist sie die richtige, und ich bin überzeugt, sie ist wichtig in der Welt«, sagt Abt Michael, »deshalb wird sie Bestand haben.«

»Wenn einer alleine träumt, ist es nur ein Traum. Wenn viele miteinander träumen, ist das der Beginn einer neuen Wirklichkeit.«

Dom Helder Camara

»Ihre körperlichen und charakterlichen Schwächen sollen sie mit unerschöpflicher Geduld ertragen.«

Benediktsregel 72,5

Gemeinsam beten und meditieren

Im Kloster verbringt man viel Zeit in gemeinschaftlichem Gebet und Meditation. »Dreieinhalb Stunden verbringen wir zusammen im Chorgebet«, erläutert Sr. Johanna.

Man ist im Kreis der Mitbrüder oder -schwestern und dennoch mit sich alleine. »Im gemeinsamen Chorgebet kann ich echt abschalten«, sagt Sr. Bernadette.

Man spricht oder singt gemeinsam dieselben Worte. Ihr Rhythmus und ihre Gleichförmigkeit fördern aber auch die innere Einkehr, die Meditation.

Diese ist ein wichtiger Bestandteil des klösterlichen Tagesablaufs. »Wir haben morgens 20 Minuten Zeit für Betrachtung und Meditation, bevor wir uns danach zur Eucharistiefeier treffen«, erzählt Bruder Pascal.

Als Novizenmeister führt er die neuen Ordensmitglieder in die Kunst der Meditation ein: »Während der Meditation kann ich Einkehr in mich halten, losgelöst von allem anderen.« Dies erfordert Konzentration und viel Übung.

Und nicht immer gelingt die Meditation: »Ich muss mir die Zeiten für die Meditation gut überlegen. Nur dann gelingt mir das, was mir bei der Meditation wichtig ist: zur Ruhe zu kommen«, sagt Sr. Maria-Gertrud.

Sich in Meditation zu üben, lohnt sich. Gerade die erfahrenen Klostermitglieder können dies bestätigen: »Wenn ich mich mal nicht mehr konzentrieren kann, bete ich den Rosenkranz«, sagt Sr. Odilia, »mit dieser Form der Meditation kann ich geistig auftanken.«

Und Sr. Cornelia bestätigt: »Meditation bedeutet für mich, leer zu werden, alle Gedanken beiseite zu legen, um sich auf das Wesentliche, auf Gott zu konzentrieren. Und das funktioniert im Laufe der Zeit immer besser.«

Den Kern der Meditation beschreibt Sr. Odilia so: »Da kann ich mich in die innere Stille begeben und die Stille wahrnehmen, egal, was um mich herum passiert.«

> »Stehen wir so beim Psalmensingen, dass Herz und Stimme in Einklang sind.«
>
> Benediktsregel 19,7

Das Schweigen im Kloster

Im Kloster gibt es bestimmte Zeiten des Tages oder auch bestimmte Orte, an denen geschwiegen wird. Es gibt sogar sogenannte Schweigeorden, die beispielsweise nur an einem Tag pro Woche sprechen. Wenn auch in den benediktinischen Klöstern die Schweigevorschriften nicht ganz so strikt sind, so haben die Schweigephasen doch eine wichtige Bedeutung: »Wir sprechen nur am Abend in der Rekreation, die täglich außer samstags stattfindet, und im etwa einmal wöchentlich tagenden Kapitel (= die Versammlung der ganzen Gemeinschaft). Ansonsten tauschen wir nur das Nötigste aus«, erzählt Sr. Emmanuela.

Wie ihre Mitschwestern schätzt sie die Schweigephasen: »Ich liebe das Schweigen, denn ich habe an der Pforte und außerhalb des Klosters so viele Tätigkeiten, bei denen ich reden muss. Es ist entlastend, nicht ständig Small Talk machen zu müssen.«

Ihre Mitschwester Ursula sieht es ähnlich: »Ich liebe es zu schweigen. Das ist einfach notwendig, wenn man in einer Gemeinschaft lebt. Allerdings gelingt es mir nicht immer, das Schweigen zu wahren.«

Traditionelle benediktinische Schweigeorte sind Kirche, Kreuzgang und Refektorium. »Beim Essen schweigen wir, außer Sonntag mittags oder an hohen kirchlichen Festtagen«, sagt Bruder Benno, »geschwiegen wird außerdem nach dem Nachtgebet bis zum Ende der Eucharistiefeier am nächsten Morgen.«

»Das gemeinsame Schweigen birgt Kraft für mich«, schildert Bruder David den Sinn dieser Phasen.

»Das Schweigen fördert das Nachdenken, zum Beispiel während der Mahlzeiten über den Inhalt der Tischlesungen«, ergänzt Bruder Pascal.

Und Sr. Ursula bringt den Sinn des klösterlichen Schweigens auf den Punkt: »Miteinander zu schweigen ist wichtig, das lässt Raum für Gott.«

Es geht beim Schweigen nicht darum, »den Mund zu halten«, sondern offen zu werden für Gott. Nur wer selbst still wird, kann auf die Stimme Gottes hören.

»Man soll der Schweigsamkeit zuliebe bisweilen sogar auf gute Gespräche verzichten.«

Benediktsregel 6,2

Gibt es im Kloster Freundschaften?

»Gott allein genügt«, sagt Sr. Odilia, und zitiert eine Liedstrophe: »Mit Gott allein bin ich sein Freund.« Sie hat sich im Kloster nie um eine Freundschaft bemüht. Als sie 1958 in den Kölner Konvent eintrat, war dies nicht üblich und auch nicht gerne gesehen. »Wir haben jeden Abend nach Tisch eine Stunde Rekreation, daran nehmen – soweit möglich – alle Schwestern teil. Dann handarbeiten und erzählen wir, manchmal tanzen wir auch oder spielen Theater.«

Zur Rekreation trifft man sich auch in Münsterschwarzach täglich nach dem Abendessen. »Wir sind dann ungefähr eine halbe Stunde zusammen«, sagt Bruder Zacharias, »manche spielen Karten, oder man erzählt ein bisschen.«

Bei der Größe des Benediktinerkonvents mit rund 100 Mönchen ist ein Austausch im großen Kreis sehr schwierig. Man hat daher den Konvent in Dekanien eingeteilt. »Das ist bereits in der Regel Benedikts verankert«, schildert Bruder Benno, »wir haben Dekanien mit jeweils rund zehn Personen gebildet. Die meisten gehören einer Altersgruppe an. Jede Dekanie wählt ihren Dekan und einen Stellvertreter. Wir verbringen dann auch zum Teil die Freizeit miteinander, machen zum Beispiel auch einmal im Jahr einen gemeinsamen Ausflug.«

Dass man in einer so großen Gemeinschaft die Freizeit eher mit Altersgenossen verbringt, unterstreicht auch Pater Mauritius: »Die Alten freuen sich über die Jungen, und die Jungen schätzen die Alten. Aber in der Freizeit geht man mehr mit Gleichaltrigen.«

Was früher nicht möglich gewesen wäre, ist heute sowohl in Köln als auch in Münsterschwarzach üblich: Man duzt sich untereinander. »Das ist familiärer, man fühlt sich so ein bisschen freier«, sagt Sr. Odilia.

Und was früher nicht so einfach war, ist heute durchaus möglich, wie Bruder Benno schildert: »Freundschaften werden bei uns anerkannt, wenn sie nicht zu Spaltungen in der Gemeinschaft führen.«

Sr. Bernadette beispielsweise ist mit zwei ihrer Mitschwestern befreundet. Und auch Bruder Thomas Morus hat Freunde im Konvent: »Es gibt Mitbrüder, zu denen ich tiefes Vertrauen habe, da öffne ich mich.«

»Ja, es gibt Freundschaften im Kloster«, bestätigt auch Bruder David, »dadurch ist das hier für mich echt ein Zuhause geworden.«

> »Die Gemeinde der Gläubigen war ein Herz und eine Seele.«
>
> Apostelgeschichte 4,32

[handschriftliche Notiz:] relation
spiele – geschichte

Was passiert, wenn ein Klostermitglied krank wird?

Klöster haben in der Regel eine Krankenstation, die sogenannte Infirmerie (vom lateinischen infirmus = schwach, krank). Schon der hl. Benedikt legte auf die Betreuung der Kranken besonderen Wert. Sie sollten große Zuwendung erfahren.

Die Einführung von Krankenstationen hatte auch rein pragmatische Gründe. Die Betreuung gestaltete sich einfacher, wenn alle Kranken in einem Trakt lagen, außerdem konnte man dort auch eine spezielle Hygiene walten lassen. Für die Betreuung der Kranken sind eigens Mitglieder des Konvents zuständig.

Sr. Bernadettes erste Aufgabe am frühen Morgen ist die Pflege der kranken Mitschwestern: »Ab 4.45 bis kurz vor 6 Uhr habe ich Frühdienst in der Infirmerie. Die Alten und Kranken werden hier sehr gut betreut und bestens versorgt. Sie werden von uns geachtet und nehmen in unserem Konvent einen wichtigen Platz ein.«

Ihre Mitschwester Emmanuela sagt scherzhaft: »Wir haben hier die am besten gepflegten Omas in Deutschland«, und ergänzt: »Im Ernst, die Gemeinschaft betreut die Kranken und Alten so weit es geht.« Wenn notwendig, ziehen die Ordensleute einen Arzt von außen hinzu. Nur in zwingenden Fällen werden die Kranken ins Krankenhaus gebracht.

»Es ist etwas Wunderbares, dass man hier versorgt wird, ohne in fremde Hände gegeben zu werden«, sagt Sr. Maria-Gertrud.

Den Kranken im Konvent widmet auch Abt Michael besondere Aufmerksamkeit: »Mindestens dreimal wöchentlich mache ich am Nachmittag einen Besuch auf der Krankenstation. An den anderen Tagen werden die Kranken von Prior und Subprior besucht.«

> »Die Sorge für die Kranken muss vor und über allem stehen: Man soll ihnen so dienen, als wären sie wirklich Christus.«
>
> Benediktsregel 36,1

Gibt es im Kloster Essensvorschriften?

Sr. Bernadette ist bei den Kölner Benediktinerinnen Küchenchefin. Gemeinsam mit einer Angestellten und mit Unterstützung verschiedener Mitschwestern bekocht sie Konvent und Klostergäste. Eigentlich hat die ausgebildete Floristin und Bürokauffrau das Kochen nicht von der Pike auf gelernt: »Ich arbeitete zwei Jahre mit der ehemaligen Küchenschwester zusammen. Sie ist dann plötzlich ausgetreten, und da wurde ich ins kalte Wasser geworfen. Am Anfang war das nicht so einfach, aber mit der Zeit machte mir das Kochen immer mehr Spaß.«

Benedikt hat sich im 6. Jahrhundert n. Chr. in seiner Regel ausführlich mit den Speisen und den Mahlzeiten beschäftigt. Die Art der Speisen, die Menge des Essens, Rhythmus, Anzahl und Ablauf der täglichen Mahlzeiten und die Fastenphasen hat er genau festgelegt.

Einige Vorgaben wendet man zum Teil heute noch in den Klöstern an, beispielsweise den Ablauf der Mahlzeiten. Wie er sich in Münsterschwarzach gestaltet, schildert Pater Mauritius: »Wir betreten schweigend das Refektorium, stellen uns an unseren Platz und singen gemein sam ein Gebet. Dann setzen wir uns hin. Die Tischdiener tragen das Essen auf, dann klopft der Abt mit seinem kleinen Holzhämmerchen auf den Tisch, und wir beginnen zu essen. Während der Mahlzeiten schweigen wir und hören der Tischlektüre zu. Etwa zehn Mitglieder des Konvents sind abwechselnd als Tischleser tätig. Mittags lesen sie erst etwas aus der Bibel vor und dann aus Zeitschriften, Biografien oder Reiseberichten. Abends hören wir dann zuerst Kapitel aus der Regel Benedikts und ergänzend noch spirituelle Literatur. Wenn die Bibel oder auch die Regel Benedikts durchgelesen sind, beginnen die Tischleser bei der nächsten Mahlzeit wieder von vorne. Das ist die sogenannte ›Lectio continua‹, was so viel wie kontinuierliche Lektüre bedeutet. Wenn man fertig gegessen hat, legt man seine Serviette ab. Wenn der Abt sieht, dass niemand mehr die Serviette anhat, klopft er wieder auf den Tisch. Dann stehen wir auf, beten gemeinsam und verlassen schweigend den Speisesaal.«

Und was kommt auf den Tisch? In der Küche verwenden die Kölner Benediktinerinnen nach Möglichkeit eigene Produkte. Obst, Gemüse und Salat bauen sie selbst an. Sogar Kühe und Schweine gibt es im weitläufigen Garten hinter dem Kloster. Sie werden von Sr. Anna mit ungeweihten Hostienresten aus der klostereigenen Produktion versorgt. »Bei uns gibt es mittwochs, freitags und samstags kein Fleisch. In der Fastenzeit verzichten wir viermal pro Woche auf den Nachtisch«, sagt Küchenchefin Sr. Bernadette. Ansonsten versucht sie, so viel Abwechslung wie möglich auf den Tisch zu bringen und Mitschwestern und Gäste mit Hausmannskost zu verwöhnen: »Ich versuche immer, allen mit dem Essen eine Freude zu machen.«

> »Jeder hat seine Gnadengabe von Gott, der eine so, der andere so. (1 Kor 7,7) Deshalb bestimmen wir nur mit einigen Bedenken das Maß der Nahrung für andere.«
>
> Benediktsregel 40,1–2

Darf man im Kloster Alkohol trinken?

In Klöstern wurden einige alkoholische Getränke kreiert – Schnäpse, Liköre, Whiskey und sogar der Champagner. Viele Klöster haben früher selbst Weine produziert. Auch heute noch kann man in manchen Klöstern hausgemachte Kräuterliköre oder Obstler kaufen.

Die meisten Klöster haben seit der Säkularisation keine Weinberge mehr, bis auf einige wenige. Die Benediktinerinnen der Abtei St. Hildegard in Rüdesheim beispielsweise stellen noch selbst Wein her und haben zwei Winzerinnen in ihren Reihen.

Dennoch ist Alkohol nicht ganz aus den Klöstern verschwunden. »Sonntags trinken wir zum Mittagessen ein Glas Wein, ansonsten nicht-alkoholische Getränke«, sagt Priorin Johanna, und Sr. Bernadette ergänzt: »Nur in der Fastenzeit verzichten wir auf den sonntäglichen Wein.«

Auch in Münsterschwarzach ist der Alkohol nicht aus dem Konvent verbannt. Am Sonntagabend freuen sich alle auf ein gutes Bier aus dem Fass. Denn die Mönche haben nichts gegen Genuss, wohl aber etwas gegen Unmäßigkeit.

> »Zwar lesen wir, Wein passe überhaupt nicht für Mönche. Weil aber die Mönche heutzutage sich davon nicht überzeugen lassen, sollten wir uns wenigstens darauf einigen, nicht bis zum Übermaß zu trinken sondern weniger. Denn der Wein bringt sogar die Weisen zu Fall. (Sir 19,2)«
>
> Benediktsregel 40,6–7

Das individuelle Leben

Wo kann man im Kloster alleine sein?

Gemeinsam leben, beten, meditieren, essen, arbeiten – kann man eigentlich im Kloster auch einmal alleine sein?

»Ja«, sagt Bruder Zacharias, »nach der Komplet, dem letzten Chorgebet, also um 20 Uhr, habe ich Zeit für mich. Zeit zum Alleinsein. Manchmal ergibt es sich auch, dass ich im Laufe des Tages mal eine halbe Stunde für mich habe.«

Auch bei den Benediktinerinnen ist es der Abend, der Zeit fürs Alleinsein bietet. »Ich schätze zwar die Kommunikation«, so Sr. Cornelia, »aber am Abend freue ich mich, auch einmal Zeit für mich alleine zu haben.« So geht es auch Sr. Maria-Gertrud, die zwar vor ihrem Ordenseintritt als vielfache Großmutter einen ausgefüllten Tag hatte und Leben um sich gewohnt war, aber gerade deshalb Ruhestunden besonders zu schätzen weiß: »Am Abend bin ich für mich. Das nehme ich auch so in Anspruch.«

Im Rahmen der vielen gemeinschaftlichen Aktivitäten auch einmal Zeit nur für sich zu haben, ist für die Ordensleute sehr wichtig: »Ich habe manchmal ein großes Bedürfnis, alleine zu sein«, sagt Bruder David, »und ich nutze auch die Zeit des Urlaubs, um viel alleine zu sein.«

Sr. Bernadette drückt es noch deutlicher aus: »Das Gefühl, immer beobachtet zu sein, nervt manchmal. Umso wichtiger ist es, auch mal alleine sein zu können.«

Und wo verbringen die Ordensleute diese wertvollen Stunden? »Ich gehe in meine Zelle, da fühle ich mich nicht unter Beobachtung«, sagt Sr. Antonia. Genauso wie sie handhabt es Bruder Benno: »Sobald ich kann, suche ich meine Zelle auf.«

Und wozu nutzen die Ordensleute die Zeiten des Alleinseins? »Die Frage ist doch erst einmal: ›Halte ich das Allein-

sein überhaupt aus?«, schildert Pater Fidelis, »denn in der Stille kommt hoch, was nicht geklärt ist. Es muss in meiner Seele einiges geklärt sein, damit die Stille fruchtbar wird.« Jeder hat da seine eigene Methode. Pater Anselm nutzt die Zeiten des Alleinseins zum schreiben, denn: »Im Schreiben klären sich die Gedanken.«

Andere Ordensmitglieder lesen, erledigen ihre Post oder gehen an die frische Luft.

»Gott allein genügt.«

Teresa von Ávila

»Setze dich in deine Zelle, und die Zelle wird dich alles lehren.«

Moses, ägyptischer Wüstenvater im 4. Jh.

Kann man die Gebetszeiten auch einmal ausfallen lassen, und was passiert dann?

»Gebetszeiten dürfen wir nur ausfallen lassen, wenn wir krank sind«, erzählt Bruder Benno.

Wer am gemeinsamen Gebet nicht teilnimmt, teilt dies in der Regel dem Prior mit: »Der Anspruch ist, die Form zu erfüllen. Man entschuldigt sich beim Prior, wenn man Gebetszeiten nicht einhält. Der Prior nimmt wahr, wer fehlt, aber er beobachtet nicht ständig«, sagt Pater Mauritius.

Auch bei den Benediktinerinnen in Köln wird diese Form gewahrt, wie Sr. Emmanuela schildert: »Die Gebetszeiten dürfen nicht geschwänzt werden. Wenn ich nicht teilnehmen kann, muss ich das begründen.«

»Ausnahmen vom Gebet muss man sich genehmigen lassen, die Dispens gibt die Priorin«, bestätigt auch Sr. Odilia.

Und wie halten es die Ordensleute, wenn sie Termine außerhalb des Klosters haben, die mit den Gebetszeiten kollidieren? »Draußen sind andere Bedingungen«, sagt Pater Mauritius, »aber wenn ich Termine außerhalb habe, versuche ich wenigstens, morgens und abends zu beten.«

Wie wird es denn mit den Gebetsphasen im Urlaub gehandhabt? »Gebetszeiten sind mir so in Fleisch und Blut übergegangen, die halte ich auch im Urlaub ein«, sagt Bruder Benno.

> »Überall ist Gott gegenwärtig, so glauben wir, und die Augen des Herrn schauen an jedem Ort auf Gute und Böse. (Spr 15,3) Das wollen wir ohne jeden Zweifel ganz besonders dann glauben, wenn wir Gottesdienst feiern.«
>
> Benediktsregel 19,1–2

Darf man im Kloster persönlichen Besitz haben?

Ordensleute leben in Gütergemeinschaft. Die Einkünfte des Klosters gehören der Gemeinschaft, ebenso die Dinge, die neue Klostermitglieder mit in den Konvent bringen. Wer sich für ein Leben im Kloster entscheidet, muss vor dem Ablegen der ewigen Gelübde auch ein Testament machen. Darin muss er über die Verteilung seiner weltlichen Besitztümer verfügen, ob sie jemandem außerhalb des Klosters zugute kommen sollen oder in den gemeinschaftlichen Besitz des Klosters übergehen – denn das neue Ordensmitglied darf keinen persönlichen Besitz haben. »Man soll ins Kloster nichts mitbringen außer einigen ganz persönlichen Dingen«, sagt Pater Mauritius, »wenn man Werte hat, gibt man sie per Testament an andere weiter, beispielsweise an Verwandte oder auch an das Kloster, in das man eintritt.«

Kommen die Nonnen oder Mönche dann wirklich ohne jegliches Hab und Gut im Kloster an? »Ich habe das meiste verschenkt, bevor ich ins Kloster kam, und nur einige Dinge bei einer Freundin deponiert«, schildert Sr. Antonia, die ja erst 2006 in Köln eintrat. »Ich habe nur ganz persönliche Dinge mit hierher gebracht, die mir besonders am Herzen liegen – Andenken, Briefe, Fotos, CDs, Bücher und Poster.« Ähnliche Dinge hat auch Sr. Bernadette mit ins Kloster genommen: »Ich habe an persönlichen Dingen nur Bücher und CDs in meiner Klosterzelle. Alle anderen Sachen habe ich vor dem Eintritt verschenkt. Das war nicht einfach.«

Sr. Maria-Gertrud, die vorher mit Sohn, Schwiegertochter und Enkelkindern unter einem Dach wohnte, hat ihren eigenen Haushalt zum großen Teil aufgelöst, bevor sie kam: »Nur ganz persönliche Sachen habe ich behalten.«

Auch bei den anderen Ordensleuten beschränken sich die ganz persönlichen Besitztümer auf Dinge wie Fotos und Bücher. Hin und wieder bekommen sie von Außenstehenden etwas geschenkt. »Ich zeige der Priorin die Geschenke, die ich bekomme, und frage, ob ich sie behalten darf. Zum Beispiel wenn ich eine neue Strickjacke mitgebracht bekomme. Normalerweise stimmt sie dem zu«, sagt Sr. Ursula. Genauso handhaben es ihre Mitschwestern, beispielsweise die Novizin Sr. Antonia: »Wenn ich Geschenke bekomme, zeige ich sie der Novizenmeisterin. In der Regel darf ich sie behalten.«

Auch in einer wesentlich größeren Gemeinschaft wie Münsterschwarzach ist es üblich, den Abt oder den Prior zu fragen, ob man Geschenke behalten kann, wie Bruder Benno schildert: »Wenn man Geld geschenkt bekommt, muss man es eigentlich abgeben. Und bei größeren Sachgeschenken fragen wir, ob wir sie behalten können.«

Der Verzicht auf persönlichen Besitz ist nicht einfach. Die Mönche und Nonnen begründen ihn mit der Apostelgeschichte:
»Und alle, die gläubig geworden waren, bildeten eine Gemeinschaft und hatten alles gemeinsam.« (2,44)
Das Ideal ist also nicht die persönliche Armut, sondern die Gütergemeinschaft. Und tatsächlich besitzt das Kloster als Ganzes nicht wenig. Mönche und Nonnen haben oft Dinge, die man sich als Privatmann nicht leisten könnte – z. B. ein große Bibliothek.

»Alles Notwendige dürfen sie aber vom Vater des Klosters erwarten.«

Benediktsregel 33,5

Hat man im Kloster Taschengeld?

Ordensleute haben im Kloster kein eigenes Einkommen. Das, was sie durch ihre Arbeit erwirtschaften, kommt der Gemeinschaft zugute. Nonnen oder Mönche, die außerhalb des Klosters arbeiten und damit unter Umständen ein Gehalt beziehen, treten dieses ebenfalls an den Konvent ab. Dies kann beispielsweise der Fall sein, wenn Ordensleute als Lehrer oder Krankenschwestern oder -pfleger in Einrichtungen arbeiten, die nicht dem Kloster gehören.

»Wenn wir freie Tage haben, bekommen wir ein Taschengeld, das ausreichend ist«, erklärt Sr. Antonia, »und wenn ich etwas brauche, beispielsweise neue Schuhe, bekomme ich dafür Geld von der Priorin und bringe einen Beleg mit, wofür ich es ausgegeben habe. In einem solch großen Haushalt werden alle Einnahmen und Ausgaben selbstverständlich im Blick gehalten.«

Sr. Emmanuela ist Dozentin an der Musikhochschule Köln, leitet eine Arbeitsgruppe für das neue ›Gotteslob‹ und hat ein eigenes Vokalensemble mit Mitgliedern, die nicht aus ihrem Konvent kommen. Sie ist auf Grund ihrer Tätigkeiten öfter außerhalb des Klosters unterwegs: »Ich habe natürlich immer ausreichend Geld in der Tasche, wenn ich außer Haus bin.«

Wenn man größere Anschaffungen tätigen möchte, muss man sich in Münsterschwarzach ein Antragsformular vom Cellerar Pater Anselm unterzeichnen lassen. »Dinge des täglichen Bedarfs kann ich in unserem klostereigenen ›Tante-Emma-Laden‹ bekommen, der sich in der Klausur befindet. Wenn ich etwas brauche, was es dort nicht gibt, lasse ich mir von Pater Anselm einen Auszahlungszettel unterschreiben, gehe damit in die Verwaltung und bekomme dort das Geld«, erzählt Abt Michael.

Für erwachsene Menschen, die es gewohnt waren, eigenes Geld zu haben und über ihre Ausgaben selbst entscheiden zu können, ist diese Situation nicht ganz einfach – zumindest zu Beginn der Klosterzeit: »Im Noviziat hatte ich Probleme, nach Geld zu fragen«, erzählt Sr. Bernadette. Genauso geht es ihrer Mitschwester Maria-Gertrud, die ja erst sehr spät ins Kloster eintrat und nun als 71-jährige Novizin um Geld bitten muss: »Ich war es nie gewohnt, irgendjemanden zu fragen, wenn ich etwas brauchte. Es fällt mir daher schwer, um etwas zu bitten. Aber es gehört dazu, mit solchen Dingen umzugehen.«

»Ich bekomme alles, was ich so brauche, und benötige deshalb kein eigenes Gehalt«, sagt Bruder David und ergänzt: »Ich arbeite gerne und bin zufrieden, wenn ich ausgelastet bin, aber ehrlich gesagt ärgert es mich, wenn andere sich um die Arbeit drücken.«

Damit die Ordensleute auch im Krankheitsfall und als Rentner abgesichert sind, hat das Kloster Münsterschwarzach für jedes einzelne Mitglied des Konvents eine Krankenversicherung abgeschlossen. Darüber hinaus wird für jeden ein Mindestrentenbeitrag eingezahlt. Um die Mitbrüder für das Alter zu sichern, legt das Kloster darüber hinaus Geld an.

Kein eigenes Geld zu haben, wirkt vielleicht heutzutage anachronistisch, ist aber eine direkte Folge der Gütergemeinschaft. Es soll den Mönch und die Nonne dazu befreien, Gott, der für alle Menschen sorgt, und der Gemeinschaft, für die sich der einzelne Ordensangehörige auch selbst einsetzt, ganz zu vertrauen.

»Man halte sich an das Wort der Schrift: ›Jedem wurde so viel zugeteilt, wie er nötig hatte.‹ (Apg 4,35) Damit sagen wir nicht, dass jemand wegen seines Ansehens bevorzugt werden soll, was ferne sei. Wohl aber nehme man Rücksicht auf Schwächen. Wer weniger braucht danke Gott und sei nicht traurig. Wer mehr braucht, werde demütig wegen seiner Schwäche und nicht überheblich wegen der ihm erwiesenen Barmherzigkeit.«

Benediktsregel 34,1–4

Muss man im Kloster Miete zahlen, und zahlt ein Ordensmitglied Steuern?

»Miete zahlen wir hier nicht«, sagt Bruder Benno, »wir haben ja auch kein eigenes Einkommen und stellen dem Kloster unsere Arbeitskraft ohne Entgelt zur Verfügung. Das Kloster gehört ja der Gemeinschaft, es ist unser gemeinsames Haus.«

»Nein«, sagt Sr. Antonia, »wir zahlen hier keine Miete. Wir arbeiten ja ohne Gehalt. Jede Schwester bekommt ihr Zimmer zur Verfügung gestellt, ohne dass sie etwas dafür bezahlt.«

Wer kein Gehalt bezieht, zahlt auch keine Steuern: »Wir persönlich zahlen kejne Steuern«, sagt Bruder Benno, »aber natürlich zahlt das Kloster alle notwendigen Abgaben.«

> »Im Hause meines Vaters gibt es viele Wohnungen.«
>
> Johannesevangelium 14,2

Haben Nonnen und Mönche Urlaub?

Auch Ordensleute brauchen Tapetenwechsel. Sie bekommen dafür Urlaub vom Kloster. »Wir haben jedes Jahr 14 Tage Urlaub«, sagt Sr. Antonia, »dafür bekommen wir ausreichend Taschengeld, wie es monastischer Schlichtheit entspricht.« Doch mit dem Urlaubsgeld kann man keine großen Sprünge machen. Deshalb verbringen die meisten Schwestern ihre freien Tage in befreundeten Klöstern, bei Freunden oder auch Verwandten.

»Ich habe noch viel Kontakt zu meiner Familie«, erzählt die 77-jährige Sr. Odilia, »und fahre jedes Jahr eine Woche dorthin in Ferien. Ich finde es gut, dass ich Urlaub habe und einmal rauskomme. Dann freue ich mich aber wieder aufs Kloster.«

»In Münsterschwarzach haben wir 21 Tage Urlaub im Jahr«, schildert Bruder Benno, »dafür müssen wir einen Urlaubsantrag stellen. Bevor man dann das Kloster verlässt, um in die Ferien zu fahren, bekommt man den Segen vom Abt. Wenn wir das Haus für einen Tag verlassen, segnet uns der Prior.« Urlaubsgeld und die Fahrkarte erhalten die Mönche in Münsterschwarzach.

Mit den rund 75 bis 100 Euro Urlaubsgeld pro Woche, die je nach Kloster ausgegeben werden, sind große und kostspielige Reisen nicht möglich. Es ist in Münsterschwarzach allerdings möglich, den Cellerar zu bitten, etwas mehr Geld zu bekommen, wenn man etwas Besonderes vorhat. Der Cellerar ist dann nicht kleinlich.

Pater Anselm fährt im Sommer drei Wochen zum Wandern in die Berge: »Dort kann ich ganz abtauchen. Da habe ich keinen Computer, kein Telefon, nur Bücher dabei.«

»Neben dem Urlaub haben wir noch viermal pro Jahr sogenannte ›Wüstentage‹, in denen wir uns zurückziehen können«, schildert Bruder Zacharias.

> »Wer auf Reisen geschickt wird, erhält Hosen aus der Kleiderkammer; nach Rückkehr gibt er sie gewaschen dort wieder ab. Kukulle und Tunika, die er für die Reise aus der Kleiderkammer erhält und nach der Rückkehr zurückzugeben hat, seien ein wenig besser, als man sie für gewöhnlich trägt.«
>
> Benediktsregel 55,13–14

Was machen Nonnen und Mönche in der Freizeit?

Man kann es sich bei den vielen Aufgaben im Kloster kaum vorstellen, aber auch Ordensleute haben Freizeit. Die Gestaltung ist so unterschiedlich wie die einzelnen Persönlichkeiten, die im Konvent zusammenleben. Da gibt es die Sportbegeisterten. Dazu gehört Abt Michael: »Am Abend genieße ich es, mit dem Rad zu fahren.« Oder Bruder David: »Ich jogge gerne, mache aber auch Yoga und male gelegentlich.«

Wie sein Mitbruder genießt es auch Bruder Zacharias, sich kreativ zu betätigen: »Ich habe hier schon bei Bildhauerkursen im Kloster mitgemacht, die Pater Meinrad – ein älterer Mitbruder – veranstaltet.«

Die Mönche in Münsterschwarzach haben ein kleines Schwimmbecken im Keller und einen Schwimmteich im Klosterareal. Die Kölner Benediktinerinnen können dagegen in ihrem ehrwürdigen Kloster mit einem Fitnessraum aufwarten, damit sich die Nonnen sportlich betätigen können: »In der Freizeit gehe ich in den Fitnessraum, bei schönem Wetter setze ich mich auch in den Garten, oder ich erledige manchmal meine Post«, sagt Sr. Bernadette. Die Möglichkeiten und Angebote sind gerade in den größeren Konventen sehr vielfältig.

> »... damit in allem Gott verherrlicht werde. (1 Petr 4,11)«
>
> Benediktsregel 57,9

Muss man immer den Habit tragen?

Die meisten Klosterleute sind an ihrem Habit, dem speziellen Ordensgewand, erkennbar. Dieses Zeichen der Zugehörigkeit zu ihrem Orden tragen sie aber nicht immer. »Wenn wir Schwestern rausgehen aus dem Kloster, können wir auch in Zivil gehen«, sagt Sr. Johanna.

Manche Schwestern bevorzugen dies, denn, so Sr. Bernadette: »Mit dem Habit wird man in der Stadt manchmal auch komisch angesehen und ›Pinguin‹ gerufen.«

Zum großen Teil haben sich die Schwestern aber an das Ordensgewand gewöhnt und tragen es auch außerhalb des Klosters, auch Sr. Emmanuela: »Die Menschen sind eher neugierig, wenn sie mich sehen. Ich habe noch keine negativen Erfahrungen gemacht, wenn ich das Ordensgewand trage. Ich empfinde meine Kleidung auch nicht als unbequem, höchstens beim Radfahren.«

Die Münsterschwarzacher Mönche tragen vielfach zivil, wenn sie in ihrer Freizeit außerhalb des Klosters unterwegs sind. Auch bei der Arbeit bevorzugen manche Ordensmänner sportliche Kleidung. Pater Anselm beispielsweise trägt in seinem Büro in der Verwaltung Jeans und Hemd oder Pullover, ebenso Bruder David: »Im Personalbüro habe ich den Habit in der Regel nicht an. Manche tragen auch den sogenannten Mini-Habit, einen kurzen Überwurf mit Kapuze.«

Mit dem Gewand drücken die Ordensleute aus, dass sie zusammengehören und dass sie ihr Leben Gott verschrieben haben. Sie vertrauen darauf, dass Gott sie von allen Seiten wie ein schützendes Gewand umgibt.

»... er kleidet mich in Gewändern des Heils.«

Jesaja 61,10

Wie sieht eigentlich eine Klosterzelle aus?

»Meine Klosterzelle ist relativ groß und hat eine Meditationsecke«, beschreibt Sr. Antonia ihre eigenen vier Wände im Kloster. »Ich habe in meiner Zelle ein Bett, ein Bücherregal, einen Schreibtisch und ein Waschbecken«, erzählt Sr. Emmanuela. Die Kölner Benediktinerinnen haben keine Zimmer mit eigener Dusche, sondern teilen sich Gemeinschaftsbäder auf dem Flur.

So ist es auch in Münsterschwarzach. »Im Rahmen einer Umbaumaßnahme haben wir vor einer Weile mal darüber diskutiert, ob wir die einzelnen Zellen mit Bädern ausstatten«, so Abt Michael, »aber dann haben wir festgestellt, dass wir da eigentlich keinen echten Bedarf haben, sondern die Etagentoiletten und -duschen belassen wollen.«

Die Mönche in Münsterschwarzach haben zwar keine Zimmer mit Bädern, aber dafür hat jeder sein eigenes Telefon. Bruder Benno: »Wir haben alle Telefone auf den Zellen – außer den Novizen –, der Kontakt nach außen ist daher jederzeit möglich, aber wir versuchen, nicht so viel zu telefonieren.«

Auch andere Medien haben im Kloster Einzug gehalten, wie Bruder Zacharias erzählt: »Wir haben hier bei uns einen sogenannten ›Weltraum‹ mit drei Computern mit Internetanschluss, die wir gemeinsam nutzen können. Außerdem gibt es drei Fernsehräume.« Und Bruder Benno ergänzt: »Einen eigenen Fernseher darf man nicht auf dem Zimmer haben.«

In Köln haben die Schwestern einen gemeinsamen Computer mit Internetzugang. »Das ist okay für mich«, sagt Sr. Antonia, »ich habe ohnehin keine Zeit für umfangreiche Korrespondenzen.«

Die Möblierung der Zimmer stellt das Kloster, wobei sie durch wenige eigene Stücke ergänzt werden kann. So sieht es in jeder Klosterzelle etwas anders aus. »Lediglich die Zimmer der Novizen sind alle gleich ausgestattet«, sagt Bruder Pascal, »sie sind auch etwas kleiner als die der Mönche mit ewiger Profess«.

Für die Reinigung seiner Zelle ist jeder selbst zuständig. Die Reinigung von Gemeinschaftsräumen und Fluren übernehmen »monastische Putzgruppen«. Auch bei den männlichen Ordensmitgliedern in Münsterschwarzach, wie Bruder David erzählt: »Die Reinigung in der Klausur übernehmen wir selbst. Wir bilden Putzgruppen und putzen dann die Gemeinschaftsbäder. Das Putzen rotiert, da muss jeder mal dran. Putzen tut gut, das ist was ganz Gesundes.«

> »Jeder soll zum Schlafen ein eigenes Bett haben.«
>
> Benediktsregel 22,1

Wie kommt man als Klostermitglied ohne Partner aus?

Die Ordensleute verzichten mit dem Eintritt ins Kloster auf Partnerschaft und Familie. Ganz bewusst. Für viele im Kloster scheint dies kein Problem zu sein. »Ich vermisse keinen Partner«, sagt Sr. Antonia, »wohl zuweilen menschliche Nähe. Der Verzicht auf Sexualität ist weniger ein Problem.« Auch Sr. Odilia hat in 50 Klosterjahren diesbezüglich nichts entbehrt: »Einen Partner habe ich nie vermisst, auch keine Kinder. Ich habe ja Neffen und Nichten. Ich bete für Menschen, die es notwendig haben, das sind meine Kinder.«

Doch so manchem geht es hin und wieder anders im Laufe eines Lebens im Kloster. »Ich hatte zu Anfang hier im Kloster mal Phasen, in denen ich mich fragte, ob ich ein Leben lang auf die Beziehung zu einem Mann verzichten könnte«, erzählt Sr. Bernadette, »aber ich empfinde Trost und Zärtlichkeit, wenn ich in die Kirche gehe.«

Ihre Mitschwester Ursula bedauert, dass eine intensive persönliche Beziehung im Kloster nicht möglich ist: »Auch nach 17 Jahren empfinde ich es als Mangel, keine intensive persönliche Beziehung leben zu können. Da gibt es wenig Räume dafür. Das ist ein Stück weit ein intendierter Mangel. Der Verzicht auf Sexualität dagegen ist kein Problem für mich.«

Dass der Verzicht auf einen Partner manchmal ein harter Weg ist, gibt auch die Kölner Priorin Sr. Johanna offen zu: »Ich habe immer mal wieder einen Partner vermisst, auch Sexualität. Ich würde aber das Leben hier nicht dafür aufgeben. In unserem Leben ist das Lieben das A und O. Aber man kann sehr viel Liebe ausdrücken, ohne zu küssen.«

Was weibliche Ordensmitglieder empfinden, gilt für männliche gleichermaßen: »Ich vermisse manchmal eine Partnerin«, gibt Bruder David offen zu, »aber das ist eben die Herausforderung der monastischen Berufung, auf dem Weg zu Gott weiterzugehen.« Pater Anselm wird als Autor und Vortragsredner vom weiblichen Publikum besonders geschätzt, aber: »Ich bin dankbar für diese Zuwendung, auch wenn sie manchmal zu vereinnahmend ist.«

Bruder Thomas Morus berichtet, dass er als Ratgeber oft von Frauen gefragt ist, und erklärt, wieso dies so ist: »Ich kann zu vielen Frauen Kontakt halten, weil ich nicht mit einer einzigen liiert bin. Das gibt eine innere Freiheit im Gespräch, weil man keine persönlichen Erwartungen aneinander hat. Für mich ist das zölibatäre Leben sinnvoll.«

Wegen der Ehelosigkeit werden die Mönche und Nonnen immer wieder angefragt. Aber zum Mönchtum – übrigens in allen Religionen – gehört die Ehelosigkeit als Lebensform wesentlich dazu. Sie wird gelebt »um des Himmelreiches willen«, wie es Jesus im Matthäusevangelium (vgl. 19,29) erklärt. Wer sich nicht von einem bestimmten Partner ergänzen lässt, hält dadurch die Sehnsucht für Gott offen, und ist für die konkreten Anforderungen seines Reiches frei. Das Leben in Gemeinschaft und das gemeinsame Streben auf das gleiche Ziel ist dabei eine große Hilfe und Ermutigung.

»Der Liebe zu Christus nichts vorziehen.«

Benediktsregel 4,21

Bereut man manchmal,
ins Kloster gegangen zu sein?

Manche verlassen das Kloster wieder. Aber was hält diejenigen, die im Kloster bleiben? Was überzeugt beispielsweise junge Ordensmitglieder, dass dies der richtige Weg für sie ist? »Natürlich gibt es hin und wieder Zweifel«, gibt Bruder David zu, der seit neun Jahren in Münsterschwarzach ist, »aber ich hatte keine Minute das Gefühl, auf dem falschen Weg zu sein. Das hier ist für mich ein Abenteuer mit Gott.«

Besonders am Anfang der Klosterzeit vermisst so mancher Freunde und Familie: »Ich hatte in der ersten Zeit viel Heimweh und Probleme mit dem Eingeschlossensein. Damals dachte ich öfter mal darüber nach, wieder zu gehen«, sagt Sr. Bernadette, »aber meine Freundinnen draußen haben auch ihre Probleme, und ich fühlte mich im Herzen immer hier hingezogen. Deshalb bin ich geblieben.«

Sr. Antonia trat mit 44 Jahren ins Kloster ein. Ein Alter, in dem man sich nicht mehr so ohne Weiteres an diese Lebensumstände anpassen kann. Und sie hatte auch am Anfang ihre Schwierigkeiten: »Kurz vor der Einkleidung kam die erste Ernüchterung, ich vermisste die Freunde und Geselligkeit. Und das Kanonische Jahr, das erste Noviziatsjahr, war für mich ein großes Problem wegen der Einschränkung der Kontakte nach außen. Da war ich zweimal versucht, wieder zu gehen. Aber tief in mir weiß ich immer: Es stimmt hier für mich.«

Die Novizen finden Unterstützung durch die Novizenmeisterin beziehungsweise den Novizenmeister, die mit solchen Schwierigkeiten bei neuen Klostermitgliedern vertraut sind. »Wir sind immer miteinander im Gespräch«, sagt der Novizenmeister von Münsterschwarzach, Bruder Pascal.

> »Mein Sohn, wenn du dem Herrn dienen willst, dann mach dich auf Prüfung gefasst!«
>
> Jesus Sirach 2,1

Finden Ordensleute im Kloster ihren Lebenssinn?

»Ich kam ins Kloster, um mein Leben mit sinnvollem Inhalt zu füllen«, erzählt Sr. Antonia. »Ich fragte mich immer, wie ich die werden könnte, die ich sein soll.«

Rund drei Jahre ist Sr. Antonia inzwischen im Kölner Konvent und stellt fest: »Früher habe ich eine Spannung in mir gespürt, die sich hier zum Teil löste. Aber bei allem Beschwerlichen und allem Verzicht: Ich weiß, dass ich auf dem richtigen Weg bin.«

Sr. Antonia ist Novizin und damit sozusagen im Anfangsstadium ihres Klosterlebens. Ihre Mitschwester Ursula ist bereits 1991 eingetreten und stellt fest: »Ich bin vor allem ins Kloster gekommen, um viel Zeit fürs Gebet zu haben. Das ist hier möglich, und das gefällt mir besonders.«

Auf ein halbes Jahrhundert im Kloster kann Sr. Odilia zurückblicken. Eine Zeit, in der es für sie auch Zweifel gab: »Es kommen immer mal Zeiten, in denen man nicht ›in dulce jubilo‹ ist. Aber das Gotteslob wollte ich immer singen. Und wenn ich mal nicht so zufrieden war, habe ich mir die alten Schwestern als Vorbild genommen, die immer strikt ihren Weg gegangen sind.«

Fünfzig Jahre Klosterleben hat auch Pater Fidelis hinter sich. Für ihn hat sich der Sinn dieses Lebenswegs erfüllt, das Kloster ist für ihn Heimat geworden: »Hier ist meine Familie.« Das kann auch Pater Mauritius unterstreichen: »Wir sind ein echter Ort, nach dem sich Menschen sehnen.« Bruder Zacharias hat im August 2008 seine ewige Profess abgelegt und damit dokumentiert, dass er im Kloster seinen Lebenssinn gefunden hat: »Es bedarf hier eines gewissen Eingewöhnens. Aber solange es Visionen von Zukunft gibt, solange das lebendig bleibt, fühle ich mich hier an der richtigen Stelle.«

Vor allem für junge Ordensleute, die manchmal Zweifel befallen, hat die 78-jährige Sr. Odilia einen Rat: »Man soll sich gut prüfen, bevor man sich wirklich für diesen Lebensweg entscheidet. Wenn man dann aber diesen Weg eingeschlagen hat, darf man nicht zu schnell alles hinwerfen.«

»Und der Herr sucht in der Volksmenge, der er dies zuruft, einen Arbeiter für sich und sagt wieder: ›Wer ist der Mensch, der das Leben liebt und gute Tage zu sehen wünscht?‹ Wenn du hörst und antwortest: ›Ich‹, dann sagt Gott zu dir: Willst du wahres und unvergängliches Leben, bewahre deine Zunge vor Bösem und deine Lippen vor falscher Rede! Meide das Böse und tue das Gute! Suche Frieden und jage ihm nach!«

Benediktsregel, Prolog 14–17

»Wohl denen, die wohnen in deinem Haus, die dich allezeit loben.«

Psalm 84,5

Wie stellen sich Ordensleute eigentlich Gott vor?

In der bildenden Kunst gibt es viele Darstellungen von Gott. Genauso unterschiedlich wie die bildlichen Darstellungen sind auch die Vorstellungen, die Ordensleute vom göttlichen Wesen haben.

Oft haben sie gar kein konkretes Bild im Kopf, sondern definieren Gott als einen Zustand oder eine Erfahrung. Wie beispielsweise Pater Mauritius: »Ich stelle mir Gott als den ›Guten Hirten‹ vor. Wie sein Gesicht aussieht, weiß ich nicht. Ich spüre nur, dass er allgegenwärtig ist.«

Sr. Cornelia hat ebenfalls kein konkretes Bild von Gott vor Augen: »Ich spüre Gott in seinen Eigenschaften, wie Güte und Liebe. Er zeigt Fehler auf, aber nimmt jeden an. Und immer wieder sehe ich Zeichen Gottes. Als ich zum Beispiel im Kanonischen Jahr unter der Einschränkung der Kontakte gelitten habe, besuchte plötzlich ein Mönch aus Münsterschwarzach, den ich gut kannte, unser Kloster. Da erhielt ich die Erlaubnis, mehrmals mit ihm zu sprechen. Das war wie ein Wink Gottes.«

So viele Klosterleute, so viele Vorstellungen von Gott. Sr. Odilia beispielsweise sagt: »Ich verehre das Herz Jesu, das ist mein Gottesbild. Gott ist für mich allmächtig, barmherzig, menschenfreundlich, mütterlich und väterlich zugleich.«

Für Sr. Bernadette ist Gott ein Gefühl: »Seine Anwesenheit verspüre ich, wenn es mir warm ums Herz wird. Dann habe ich von innen das Gefühl ›Gott ist da‹, besonders beim Chorgebet.« Ihr Bild von Gott: »Ich stelle mir Gott als großes weites Licht vor. Dabei bekomme ich ein weites Herz.«

Und Sr. Cornelia fügt hinzu: »Ich spüre Gott als ein Gefühl der Nähe und Ausgeglichenheit. Das gibt mir Lebensenergie.«

Wie wird man denn Äbtissin oder Abt?

Für das Amt der Äbtissin oder des Abts kann man sich nicht bewerben. Es gibt im Kloster keinen Wahlkampf wie in der Politik, auch keine Bewerbungsfrist, zu der man Unterlagen einreichen kann.

»Wir kennen uns sehr gut, und die Gemeinschaft weiß, wen sie nominieren und wählen möchte«, sagt Abt Michael, der seit 2006 im Amt ist. »Bei uns sind alle Patres, also alle Klostermitglieder mit Priesterweihe, potenzielle Kandidaten. Wenn der alte Abt zurücktritt, haben wir einen Monat Zeit, uns auf die Wahl eines neuen vorzubereiten.«

Nach Rücktritt seines Vorgängers Abt Fidelis machte der Konvent erst einmal während eines Monats eine Standortbestimmung. »Neun Tage vor der Wahl hat sich der gesamte Konvent dann jeden Abend getroffen und zum Heiligen Geist gebetet, dann entstand plötzlich eine große Gelassenheit und Vertrauen, dass der richtige gewählt wird«, erzählt Abt Michael.

Die Wahl fand unter Vorsitz des Erzabts von St. Ottilien statt, der der gesamten Kongregation vorsteht.

Am Abend vor der Abtswahl findet eine Vorwahl statt. Jeder, der dabei mindestens eine Stimme bekommen hat, steht am nächsten Tag auf der Kandidatenliste.

Abt Michael schildert weiter: »Am Wahlmorgen haben wir dann eine Messe zum Heiligen Geist gehalten. Danach sind wir in den Kapitelsaal gegangen, in dem Wahlkabinen aufgestellt worden waren. Dann wurden alle Wahlberechtigten nach dem Eintrittsalter aufgerufen. Es muss so lange gewählt werden, bis ein Kandidat die Zweidrittelmehrheit hat. Er wird dann gefragt, ob er die Wahl annimmt, und spricht anschließend vor allen Mitbrüdern das Glaubensbekenntnis.«

Der Abt erhält nach seiner Wahl Kreuz und Abteisiegel und ist damit sofort ins Amt eingesetzt. Eine Einübungszeit bleibt ihm nicht.

Nach seiner Wahl war Abt Michael erst einmal überwältigt: »Ich habe gemerkt, es kommt eine Welle auf mich zu. Aber natürlich habe ich mich über das Vertrauen gefreut, das mir die Mitbrüder geschenkt haben. Die größte Übung war am Anfang für mich, beim Einzug in den Chor den Brüdern vorauszugehen.« Als seine Hauptaufgabe sieht er: »Den Mitbrüdern zuzuhören.«

Pater Fidelis war Vorgänger von Abt Michael. 24 Jahre lang übte er das Amt des Abts in Münsterschwarzach aus. Mit 68 Jahren trat er zurück: »Der Abt muss selbst wissen, wann er zurücktritt. Ich wollte nicht zu lange im Amt sein. Ich spürte auch, dass meine Kräfte nachließen. Und ich war der Überzeugung, dass nach so langer Amtszeit ein anderer Stil und ein anderes Gesicht für die Gemeinschaft nicht schlecht seien.«

Nach dem Verzicht auf sein Amt ging er für sechs Monate nach Afrika, um seinem Nachfolger Platz zu machen. »Ich habe meinem Nachfolger gesagt, dass er bei seinen Entscheidungen auf mich keine Rücksicht nehmen muss. Ich habe mich entschieden, das Amt mit allen Konsequenzen aufzugeben und lebe ganz gut damit. Meinem Nachfolger gebe ich keine ungebetenen Ratschläge, weder direkt noch indirekt.«

Pater Fidelis ist bewusst in eine andere Klosterzelle umgezogen und hat seinem Nachfolger die Abtswohnung überlassen. Auch seinen Titel hat er abgelegt und möchte auch nicht Altabt genannt werden, sondern Pater Fidelis. »Ich glaube, es ist gut, ins Glied zurückzutreten. Während ich mich früher in meinem Amt manchmal einsam gefühlt habe, hat sich mein Verhältnis zu den Mitbrüdern jetzt geändert. Es ist entspannter geworden. Ich fühle mich in dieser neuen Rolle sehr wohl.«

> *»Der eingesetzte Abt bedenke aber stets, welche Bürde er auf sich genommen hat und wem er Rechenschaft über seine Verwaltung ablegen muss. Er wisse, dass er mehr helfen als herrschen soll.«*
>
> Benediktsregel 64,7–8

Wer hat im Kloster das Sagen?

Die Klosterleitung obliegt der Äbtissin beziehungsweise dem Abt. In Klöstern ohne Äbtissin oder Abt steht die Priorin beziehungsweise der Prior an der Spitze des Konvents.

»Die Autorität der Priorin wird immer respektiert«, sagt Sr. Odilia, »sie tauscht sich auch viel mit uns aus. An unseren Gesprächsabenden wird viel diskutiert.«

In einem kleineren Konvent wie Köln kann der Austausch relativ unkompliziert vonstatten gehen. In Klöstern der Größenordnung von Münsterschwarzach müssen die Aufgaben stärker strukturiert sein. »Die Führungskräfte im Kloster berichten an mich«, erzählt Abt Michael, »jeden Montag haben wir Verwaltungssitzung.« Ein weiteres Gremium, mit dem er sich regelmäßig berät, ist das Seniorat. Es besteht – neben dem Abt – aus Prior, Cellerar und neun weiteren Personen, die den Konvent vertreten und von diesem jeweils auf drei Jahre gewählt werden.

Trotz vieler Termine und Verpflichtungen sagt Abt Michael: »Wenn ein Mitbruder ein Gespräch mit mir will, bekommt er es meist noch am selben Tag.«

Die Anforderungen an Führungskräfte im Kloster unterscheiden sich in den Grundzügen nur unwesentlich von denen der Chefs außerhalb der Klostermauern. Sr. Johanna definiert sie folgendermaßen: »Als Leiterin des Klosters benötige ich Gemeinschaftssinn und Respekt vor jeder einzelnen Mitschwester. Ich mache nichts im Alleingang und halte das Ohr offen für das, was der Heilige Geist mir zeigen will.«

Eine Gemeinschaft, die nur aus Frauen besteht, hat ihre eigene Dynamik. Sr. Johanna beschreibt es bildlich: »Bei Vollmond steigen die Wogen hier jeden Monat höher. Aber ich habe gelernt, das Boot zu steuern.« Das Schwierige an ihrem Job: »Mit der eigenen Ohnmacht umzugehen, und dass ich immer für das Gemeinsame werben muss. Ich kann zum Beispiel Arbeiten anordnen. Aber wie freundlich die Mitschwestern diese verrichten, kann ich nicht steuern.«

Sr. Johanna ist bisher insgesamt 19 Jahre Priorin der Kölner Benediktinerinnen. Alle sechs Jahre wird neu gewählt. Mit ihrer Erfahrung bringt sie so leicht nichts aus dem Konzept. Auch in Köln gibt es ein Seniorat, bestehend aus fünf Personen – Priorin und vier weiteren Schwestern, von denen zwei von der Priorin ausgesucht und zwei vom gesamten Konvent gewählt werden. »Die Hierarchien im Kloster sind heute viel flacher als früher«, sagt Bruder Benno. Mit mehr als 50 Klosterjahren kann er das beurteilen.

Führungsqualitäten muss auch Pater Anselm in seiner Funktion als Cellerar, also Finanzchef des Klosters, haben. Sein Rat an Wirtschaftsbosse: »Man sollte gute Rituale haben, einen guten Arbeitsrhythmus und sich nicht unter Druck setzen lassen. Die innere Freiheit sollte man sich bewahren.« Wie er mit großer Arbeitslast zurechtkommt: »Ich delegiere viel, das ist eine Frage der Disziplin. Ich muss dann schauen, dass alles gut läuft.«

Abt Michael hat für Führungskräfte folgenden Rat: »Sich selbst nicht zu wichtig nehmen und anderen auch etwas zutrauen. Ich versuche, jeden Menschen so zu behandeln, wie es ihm entspricht, und bemühe mich, besonders die einfachen Brüder zu achten.«

Seit er Abt ist, hat sich das Verhalten der Mitbrüder ihm gegenüber zum Teil etwas verändert, aber: »Grundsätzlich spüre ich ein großes Vertrauen zu mir als Abt. Gefährlich wird es, wenn ich den Respekt der Mitbrüder nur auf meine Person beziehe und nicht auf den, der hinter mit steht, nämlich Christus. Ich sehe schon die Gefahr, dass solch ein Amt in den Kopf steigen kann.« Damit dies nicht passiert, hat Abt Michael regelmäßig Supervision und geistliche Begleitung durch eine Person, die nicht seinem Konvent angehört.

Für ihn hat sein Amt viele positive Seiten: »Es freut mich, dass ich gestalten und Dinge in Bewegung setzen kann.« Und die negativen Aspekte? »Man hat mir prophezeit, dass ich in diesem Amt einsam sein kann. Das habe ich aber bisher noch nicht gespürt.«

Auch Pater Fidelis, der ehemalige Abt von Münsterschwarzach, hat Führung immer als ein Miteinander gesehen: »Entscheidend ist, wie wir miteinander reden und umgehen, und wie stark das gemeinsame Tragen ist.«

Der Abt in Münsterschwarzach wird auf Lebenszeit gewählt. Alle fünf Jahre kommen zwei Visitatoren aus anderen Klöstern, die mit den Mönchen und dem Abt sprechen und die Vertrauensfrage stellen. »Dann wird schon klar, ob es noch stimmt hier im Konvent. In ganz gravierenden Fällen können die Visitatoren dem Abt auch nahelegen, sein Amt niederzulegen«, sagt Pater Fidelis.

> »Der Abt ... wisse: Wem mehr anvertraut ist, von dem wird mehr verlangt. (Lk 12,28) Er muss wissen, welch schwierige und mühevolle Aufgabe er auf sich nimmt: Menschen zu führen und der Eigenart vieler zu dienen. ... Nach der Eigenart und Fassungskraft jedes einzelnen soll er sich auf alle einstellen und auf sie eingehen. So wird er an der ihm anvertrauten Herde keinen Schaden erleiden, vielmehr kann er sich am Wachsen einer guten Herde freuen.«
>
> Benediktsregel 2,30–32

Gehorsam – muss man im Kloster alles schlucken?

Eines der klösterlichen Gelübde ist der Gehorsam. Damit verpflichtet man sich auch, auf das zu hören, was einem Äbtissin oder Priorin, Abt oder Prior vorgeben. Und dies unabhängig von Alter oder Klosterzugehörigkeit. Selbst Pater Anselm, als Cellerar des Klosters Münsterschwarzach in verantwortlicher Position, akzeptiert diese Regelung: »Ich informiere den Abt und teile ihm beispielsweise meine Termine mit, auch von Vorträgen, die ich außerhalb des Klosters halte. Das ist für mich kein Problem.«

Nicht immer wird der Gehorsam ohne Murren oder inneren Widerstand geleistet. Das gibt zum Beispiel Bruder David offen zu: »Es macht nicht immer Freude, unter Abt und Regel zu dienen.« Auch sein Mitbruder Benno kann manches im Kloster nicht ohne Weiteres akzeptieren: »Man muss im Kloster auch manches ertragen, was man als ungerecht empfindet.«

Auch bei den weiblichen Ordensmitgliedern gibt es hin und wieder inneren Widerstand. Sr. Antonia hat als Klosterneuling schon ab und zu mit dem Gehorsam zu kämpfen: »Der Gehorsam war zu Anfang für mich schon ein Problem. So manches konnte ich nicht akzeptieren. Beispielsweise empfand ich es als bitter, dass ich im Kanonischen Jahr meiner Nichte nicht zum Geburtstag schreiben durfte. Es dauerte etwas, bis ich verstand, dass Gehorsam eben auch mit Verfügbarkeit zu tun hat.« Auch die Novizin Sr. Maria-Gertrud kennt ähnliche Beispiele: »Es gibt hier schon Situationen, in denen mir der Gehorsam nicht leicht fällt.«

Ordensmitglieder, die schon länger im Kloster sind, haben meist ihre Wege gefunden, mit diesem Problem umzugehen. Sr. Cornelia beispielsweise: »Am Anfang war der Gehorsam nicht einfach für mich. Aber heute habe ich verstanden, dass Gehorsam nicht bedeutet, dass ich nicht nachfragen darf.«

Den Gehorsam muss natürlich auch die Klosterleitung üben. Abt Michael sagt dazu: »Der Abt muss der Gehorsamste im Kloster sein. Er muss hören auf seine Brüder und auf Gott, was das je bessere in einer Sache ist.« Die Probleme, die ihre Mitschwestern in so manchen Situationen mit dem Gehorsam haben, sind natürlich auch Sr. Johanna nicht unbekannt: »Freiheit ist im Kloster ein schwieriges Wort. Die Frage, wie viele Freiheitsräume ich meinen Mitschwestern ermögliche, beschäftigt mich immer wieder.«

Doch auch im Kloster kann sich jeder seine Freiräume schaffen. Wie Bruder Thomas Morus, der in Münsterschwarzach begonnen hat, Schafe zu züchten: »Jetzt bin ich hier im Kloster ›Gleicher unter Gleichen‹. Aber innerhalb des Klosterrahmens male ich auch mit eigenen Farben.«

> *Die Mönche ahmen mit dem Gehorsam Christus nach:*
> *»Obwohl er der Sohn war, hat er durch Leiden den Gehorsam gelernt.« (Hebr 5,8) »Der erste Schritt zur Demut ist Gehorsam ohne zu Zögern. Es ist die Haltung derer, denen die Liebe zu Christus über alles geht.«*
>
> **Benediktsregel 5,1–2**

Was ist ein Cellerar?

Cellerar heißt der Wirtschaftsverwalter eines benediktinischen Klosters (vom lateinischen cella = Raum, Vorratskammer abgeleiteter Begriff, der ursprünglich cellerarius = Kellermeister bedeutet). Er wird vom Abt oder Prior ernannt und ist dem Geschäftsführer oder Finanzvorstand eines Wirtschaftsunternehmens vergleichbar. In Münsterschwarzach hat Pater Anselm dieses Amt bereits seit 31 Jahren inne und ist damit der dienstälteste Cellerar der ganzen Kongregation: »Ich bin als Cellerar verantwortlich für die Bereiche Wirtschaft, Finanzen und Personal des Klosters. Damit bin ich dem Abt Rechenschaft schuldig und auch dem Seniorat. Ich lege ihnen jährlich die Bilanz vor, und wir diskutieren darüber.«

In Münsterschwarzach ist jeden Montag Verwaltungssitzung. In diesem Sinne funktioniert das Kloster wie ein Wirtschaftsunternehmen. An der Sitzung nehmen die Vorstände der einzelnen Klosterbetriebe teil. Der Cellerar Pater Anselm berichtet in diesem Gremium. »Ich bin verantwortlich für 280 weltliche Mitarbeiter in den Klosterbetrieben und 90 Mönche.« Er zeichnet die Auszahlungszettel ab, wenn ein Mitbruder Geld für eine Anschaffung benötigt. Ob diese jeweils wirklich vonnöten ist, kontrolliert er nicht: »Wenn jemand zu viel ausgibt, muss er das selbst verantworten.«

»Wenn wirtschaftlich etwas schief läuft, trage ich die Verantwortung. Dann muss ich meinen Kopf hinhalten. Aber kurzfristige Erfolge und Misserfolge zählen nicht. Entscheidend ist, was langfristig dabei herauskommt«, erläutert Pater Anselm.

Die Klöster werden nicht aus dem Topf der Kirchensteuer versorgt. Mönche und Nonnen müssen von dem leben, was sie selber durch ihre Arbeit und ihren Einsatz erwirtschaften. Es gibt auch viele Menschen, die sie mit Spenden unterstützen, weil sie ihre Arbeit und ihre Lebensform schätzen.

> »Als Cellerar des Klosters werde aus der Gemeinschaft ein Bruder ausgewählt, der weise ist, reifen Charakters und nüchtern. Er sei nicht maßlos im Essen, nicht überheblich, nicht stürmisch, nicht verletzend, nicht umständlich und nicht verschwenderisch. Vielmehr sei er gottesfürchtig und der ganzen Gemeinschaft wie ein Vater.«
>
> Benediktsregel 31,1–2

KONGREGATION

Wovon leben Klöster eigentlich?

Klöster sind autark, und damit auch für ihre eigene Finanzierung zuständig. »Jedes Kloster ist rechtlich selbstständig«, sagt Bruder Stephan. Dies bedeutet, dass die Klöster auch für ihren Lebensunterhalt selbst sorgen müssen. Zum Kloster Münsterschwarzach gehört die »Vier-Türme GmbH«, in der die klostereigene Druckerei Benedict Press, der Vier-Türme-Verlag, Gold- und Silberschmiede, Buch- und Kunsthandlung sowie der Klosterladen zusammengeschlossen sind. »Daneben haben wir noch das Gästehaus und das Jugendgästeheim ›Münsterklause‹. Wir beschäftigen ca. 280 weltliche Angestellte«, erzählt Bruder David, der das Personalbüro leitet. Zum Kloster gehört auch das Egbert-Gymnasium mit etwa 900 Schülern.

Die Einnahmen aus den Klosterbetrieben gehören der gesamten Klostergemeinschaft. Über ihre Verwendung bei niedrigeren Summen entscheidet das Seniorat, ein aus zwölf Personen bestehendes Gremium, zu dem Abt, Prior und Cellerar sowie neun weitere, vom Konvent gewählte Mönche gehören.

»Bei größeren Investitionen, etwa bei Umbauten, Druckmaschinen usw. muss die ganze Gemeinschaft diskutieren und entscheiden«, berichtet Bruder Zacharias, »das schreiben unsere Konstitutionen vor.«

Die rechtliche und unternehmerische Konstruktion sieht bei den Kölner Benediktinerinnen etwas anders aus, wie die Priorin Sr. Johanna erklärt: »Unser Kloster ist ein gemeinnütziger Verein. Wir verdienen unser Geld mit den klostereigenen Wirtschaftsbetrieben und zahlen entsprechende Steuern. Alle Einkünfte gehen in die Gemeinschaftskasse.«

Die Kölner Benediktinerinnen erwirtschaften ihre Einkünfte mit Arbeiten, die typisch sind für Frauenklöster. »Wir haben eine Hostienbäckerei, eine Textilrestaurierungs- und eine Paramentenwerkstatt«, erzählt Sr. Cornelia, »das Einkommen, das wir damit verdienen, ist unser gemeinsames Geld, davon leben wir.«

> »Sie sind dann wirklich Mönche, wenn sie wie unsere Väter und die Apostel von ihrer Hände Arbeit leben.«
>
> Benediktsregel 48,8

Was kann man im Kloster arbeiten?

Wenn man sieht, wie viele Jobs Klosterleute gleichzeitig ausüben, gerät man ins Staunen. In der Gesellschaft außerhalb der Klostermauern sind Menschen häufig bereits mit einem Beruf überfordert. Im Kloster, wo oft Arbeitskräftemangel herrscht, muss jeder an verschiedenen Stellen mit anpacken.

Auf der Liste der Kölner Benediktinerinnen stehen hinter den Namen oft drei oder mehr Berufstätigkeiten. Die promovierte Musikwissenschaftlerin Sr. Emmanuela beispielsweise arbeitet gleichzeitig an der Pforte, macht die Gästeplanung, spielt Orgel, publiziert und ist als Dozentin tätig.

Sr. Maria-Gertrud arbeitet im Gästebereich, in der Küche und an der Pforte. »Man wird nach Bedarf eingeteilt und – soweit möglich – auch nach Neigung«, sagt Sr. Antonia. Die studierte Bibliothekarin ist im Kloster für die Neuorganisation der Noviziatsbibliothek zuständig, arbeitet in der Hostienbäckerei, in der Verwaltung, übernimmt im Rotationsprinzip Haushaltsaufgaben und hilft in der Infirmerie aus.

In Münsterschwarzach sieht es vielfach auch so aus. Die Mönche üben mehrere Tätigkeiten aus, haben aber auf Grund der Größe des Konvents und der Vielfalt der Klosterbetriebe mehr Möglichkeiten. Dazu Pater Mauritius: »Die Berufswahl im Kloster geschieht im Dialog. Wenn jemand eine Aufgabe, die für ihn vorgesehen ist, überhaupt nicht übernehmen will, dann wird er nicht dazu gezwungen. Man hat aber keinen Anspruch auf eine freie Wahl.«

Pater Anselm hat die Erfahrung gemacht: »Es ist wichtig, die Mitbrüder dort einzusetzen, wo es für sie auch wirklich passt und wo sie ihre Fähigkeiten haben. Wenn das nicht gelingt, gibt es Probleme für beide Seiten.«

Auch Bruder David bestätigt: »Man kann sich beim Abt für eine bestimmte Aufgabe hier bewerben.« Er selbst hat nach seiner Ausbildung zum Verlagskaufmann im kloster-eigenen Verlag gleich drei Aufgaben übernommen. Er leitet das Personalbüro, außerdem die sogenannte »Münster-klause«, ein Jugendgästeheim mit 30 Betten, und ist als Se-kretär für Abt Michael tätig. »Ich finde es toll, dass ich hier so viele Möglichkeiten habe. Natürlich kann auch mal was schief gehen, aber das macht nichts. Wichtig ist ein gutes Zeitmanagement«, betont er.

Neigungen werden auch in Köln berücksichtigt, wie Sr. Cornelia bestätigt. Sie selbst hat Religionspädagogik studiert und eine Ausbildung als Erzieherin gemacht, be-vor sie ins Kloster kam. Heute arbeitet sie an der Pforte, auf der Krankenstation und betreut Kommunionkinder-gruppen. »Mehrere Jobs zu haben, ist eine Sache der Or-ganisation«, sagt sie, »ich fühle mich dadurch nicht über-fordert. Im Gegenteil, ich bin zufrieden, wenn ich viel geleistet habe.«

Sr. Bernadette, für die Küche verantwortlich, ist manch-mal frustriert: »Wenn ich die Arbeit nicht schaffe, belastet mich das schon. Ich stelle hohe Ansprüche an mich selbst.«

Sr. Odilia war 30 Jahre im Garten und sonntags in der Küche beschäftigt. Danach für zehn Jahre in Hostienbäcke-rei und Sakristei. Soweit es ihr gesundheitlicher Zustand zulässt, besorgt sie den gesamten Hostienversand und hilft auch heute noch beim Kartoffelschälen oder anderen Kü-chenarbeiten: »Ich bin immer gefragt worden, ob ich die Arbeit machen möchte.«

Sr. Ursula hat nach dem Abitur eine Ausbildung zur Kran-kenschwester gemacht und dann drei Semester Theologie studiert, bevor sie zu den Benediktinerinnen kam. »Heute bin ich Infirmarin, also Krankenpflegerin, singe in der Schola und bin Vertreterin der Novizenmeisterin. Wenn ich ehrlich bin, fühle ich mich manchmal vom Zeitaufwand, den diese Aufgaben beanspruchen, etwas überfordert. Aber dann kann ich mit der Priorin reden.«

Im Kloster ist es auch nicht unüblich, die Aufgabenbereiche zu wechseln. Bruder Stephan beispielsweise kam als gelernter Steuerfachgehilfe nach Münsterschwarzach. Nach dem Noviziat war er zwölf Jahre in der Buchhaltung tätig, leitete dann acht Jahre das Gästehaus und ist seit 2003 Missionsprokurator. »In dieser Funktion bin ich für die Verbindung zu unseren Gemeinschaften in Übersee verantwortlich. Speziell zu den zurzeit rund 40 Münsterschwarzacher Mitbrüdern, die dort leben und arbeiten. Außerdem prüfe ich neue Klosterprojekte im Ausland im Hinblick auf die Finanzierung. Daneben gebe ich noch die Missionszeitschrift ›ruf in die zeit‹ heraus.« Bruder Thomas Morus, studierter Landwirt, der 14 Jahre als Ordensmann in Tansania war, unterstützt ihn dabei. »Ich kümmere mich hier in Münsterschwarzach um die Besucher aus afrikanischen und englischsprachigen Ländern, bin in der Redaktion von ›ruf in die zeit‹ und arbeite in der Vorbereitung des Weltmissionssonntags mit.«

Diese bunten Mischungen an Aufgaben könnte man auch für viele andere Ordensleute auflisten. »In der Mischung der Tätigkeiten liegt die Würze«, sagt Sr. Emmanuela, die durch ihre Dozententätigkeit auch außerhalb des Klosters beruflich aktiv ist.

Im Kloster gibt es keine Arbeitslosigkeit. Es herrscht 100 Prozent Vollbeschäftigung.
»Müßiggang ist der Seele Feind.«

Benediktsregel 48,1

Der Kontakt nach außen

Ist ein Kontakt nach außen überhaupt möglich?

»Durch meinen Eintritt ins Kloster haben sich die Beziehungen zu meinen Freunden schon verändert«, erzählt Sr. Bernadette, »sie waren sehr verwundert, als ich ins Kloster ging. Jetzt kann ich sie ja nicht mehr regelmäßig sehen. Und die Abende, an denen ich mich mit Freunden getroffen habe, vermisse ich schon hin und wieder.« Auch Bruder David sagt: »Meine Freunde haben zunächst befremdlich reagiert als sie hörten, dass ich ins Kloster gehen wollte.«

Ordensleute dürfen ihre Freunde treffen, aber ein regelmäßiger Kontakt ist durch die feste Struktur im Kloster und die Arbeitsauslastung erschwert. Das musste auch Sr. Antonia feststellen: »Als ich ins Kloster eintrat, gab es in meinem Umfeld Überraschung und Neugier. Und einige Beziehungen sind leider zerbrochen. Aber den Kontakt zu Freunden kann ich grundsätzlich haben.«

Sr. Maria-Gertrud hat eine andere Erfahrung gemacht: »Meine Freunde sind stark in der Kirche verankert, für sie war es keine Überraschung, dass ich ins Kloster ging.«

Pater Mauritius stellt fest: »Zu Beginn im Noviziat war die Beziehung nach außen ja schwierig. Da war erst einmal ein Schnitt mit der Welt. Später war es etwas leichter, nach außen Kontakt zu halten.« Manche Freundschaften sind zerbrochen, manche haben sich aber auch intensiviert: »Die Freunde müssen ja immer ins Kloster kommen, ich kann sie ja kaum besuchen. Das macht die Sache nicht leicht. Aber so hat sich auch die Spreu vom Weizen getrennt.«

Sr. Cornelia hat nach wie vor viele Außenkontakte: »Freunde können mich hier jederzeit besuchen.« So ist es auch in Münsterschwarzach: »Wir können hier Besucher empfangen«, erzählt Bruder Benno.

Auch Sr. Emmanuela hat ihren Freundeskreis im Wesentlichen behalten und konnte außerdem viele neue freundschaftliche Kontakte knüpfen: »Ich habe bis heute auch immer Freundschaften mit Männern gepflegt.«

Eine Kontrolle von Seiten der Klosterleitung gibt es nicht im Hinblick auf Außenkontakte, und so ist möglich, was Sr. Ursula bekräftigt: »Ich pflege mehr Freundschaften außerhalb des Klosters.«

> *»Alle Fremden, die kommen, sollen aufgenommen werden wie Christus: denn er wird sagen: ›Ich war fremd und ihr habt mich aufgenommen.‹ (Mt 25,35)«*
>
> Benediktsregel 53,1

Wie gestaltet sich für Ordensleute der Kontakt zur Familie?

Für die eigene Familie ist der Entschluss, ins Kloster zu gehen, nicht immer so ohne Weiteres nachvollziehbar. So beispielsweise auch im Fall von Sr. Bernadette: »Für meine Eltern war mein Eintritt ins Kloster schwer, weil ich zu Beginn des Noviziats erst einmal nicht mehr nach Hause kommen durfte. Meine Geschwister waren sehr skeptisch und sind es bis heute geblieben.«

Auch die Brüder von Bruder David hatten zunächst Vorbehalte: »Mein Vater sagte, ich solle das ausprobieren, als ich ihm von meinem Wunsch erzählte, ins Kloster zu gehen. Meine Brüder waren erst einmal skeptisch, aber jetzt besuchen sie mich regelmäßig.«

Grundsätzlich ist der Kontakt zur Familie möglich und unproblematisch. Die Mutter von Sr. Emmanuela beispielsweise lebt in der näheren Umgebung von Köln: »Ich kann den Kontakt zu meiner Familie so gestalten, wie ich möchte.«

Das bestätigt auch Sr. Cornelia, deren Mutter mehrere hundert Kilometer entfernt vom Ort ihres Klosters beheimatet ist: »Ich bin Einzelkind und telefoniere regelmäßig mit meiner Mutter. Sie war am Anfang von meiner Entscheidung, ins Kloster zu gehen, nicht sehr begeistert. Sie hat das sehr in Frage gestellt. Aber heute toleriert sie das, und ich sehe meine Mutter drei- bis viermal pro Jahr.«

Sr. Maria-Gertrud lebte mit ihrem Sohn und dessen Familie unter einem Dach. Als sie ins Kloster umzog, wurde sie von der Schwiegertochter besonders vermisst. Und natürlich auch von den Enkelkindern: »Meine Enkel kommen bis heute nicht damit zurecht, wenn sie mich im Ordensgewand sehen.«

Der Kontakt zur Familie gestaltet sich am einfachsten, wenn die Verwandten zu Besuch ins Kloster kommen. »Unsere Verwandten und auch die Freunde, die zu Besuch kommen, wohnen in unserem Gästehaus. Wir können uns tagsüber sehen, essen aber nicht zusammen. Wir Mönche nehmen die Mahlzeiten im Refektorium ein, unsere Familie im Gästehaus. Nur Kaffee trinken wir dann gemeinsam«, erzählt Pater Mauritius.

> *Wer ist meine Mutter, und wer sind meine Brüder?*
> *Wer auf Gottes Wort hört, das sind meine Mutter und meine Brüder.*
>
> Vgl. Matthäusevangelium 12,48

Gastfreundschaft – wer darf ins Kloster und wer nicht?

»Gastfreundschaft, das bedeutet für mich zunächst, offen zu sein für jeden Menschen, der zu uns kommt«, sagt Sr. Emmanuela: »Es möchten immer mehr Menschen als Gäste zu uns ins Kloster kommen. Die meisten haben Gesprächsbedarf. Ich höre beim Telefonat erst einmal heraus, was sich die Anrufer von einem Besuch bei uns erwarten. Wenn ich sehe, dass diese Erwartungen nicht erfüllt werden können, sage ich das deutlich.«

Gastfreundschaft hat für Ordensleute eine große Bedeutung. »Im Gast empfangen wir Christus. Gastfreundschaft ist eine Sache der Nächstenliebe«, sagt Pater Mauritius.

Für die Betreuung der Gäste im Kloster ist die Gastschwester beziehungsweise der Gastpater zuständig. »Sie sorgen dafür, dass es den Gästen gut geht«, so Pater Mauritius.

»Geistliche oder Männer, die am ›Kloster auf Zeit‹ teilnehmen, essen mit uns im Refektorium«, erzählt Bruder Benno, »und wenn einer unserer Missionare auf Heimaturlaub kommt, ist beim Mittagessen Colloquium, d. h. wir schweigen dann nicht, sondern wir unterhalten uns, um dadurch den Mitbruder zu ehren.« Mit dieser Tradition heißen die Mönche den Bruder, der aus der Ferne kommt, besonders willkommen, denn, so der Missionsprokurator Bruder Stephan: »Von den Missionsklöstern können wir in Bezug auf Gastfreundschaft noch einiges lernen«.

> »Was ihr für einen meiner geringsten Brüder getan habt, das habt ihr mir getan.«
>
> **Matthäusevangelium 25,40**

Welchen Rat geben Klosterleute den Menschen außerhalb der Klostermauern?

 Ordensleute sind als Ratgeber sehr gefragt. Viele Menschen kommen als Gäste ins Kloster, um sich dort Rat und geistliche Unterstützung zu suchen.

»Die Menschen trauen uns Wissen und Erfahrung zu und suchen hier im Kloster Zuspruch und Ermutigung«, sagt Bruder Zacharias, der in Münsterschwarzach auch in der Gästebetreuung arbeitet.

Ordensleute leben zwar in ihrer eigenen Welt, haben aber – wie auch in diesem Buch immer wieder zu hören – die gleichen Probleme wie wir. In der Gemeinschaft, in der Arbeit, im täglichen Leben. Sie kennen also die menschlichen Schwierigkeiten durch eigene Erfahrungen, aber auch durch ihre Kontakte nach außen. Mit diesen Erfahrungen und ihrem Blick auf die Welt aus der Distanz des Klosters sind sie gute Ratgeber. Und als solche sehr gefragt, wie besonders Pater Anselm bei seinen öffentlichen Auftritten immer wieder feststellt: »Ich glaube, dass man als Mönch einen Vertrauensvorschuss hat, und möchte durch meine Vorträge die Menschen im Glauben ermutigen, ihnen Wege zeigen. Die Menschen sollten sich selbst nicht bewerten, sondern wachsen lassen, was in ihnen ist.«

Die wesentlichen Probleme heutzutage aus seiner Sicht: »Das sind die Beziehungen zwischen den Partnern und zu den Kindern, der Druck in der Arbeit und die Sorgen um den Lebensunterhalt.«

Der Rat von Ordensleuten läuft im Wesentlichen immer auf das gleiche hinaus: »Die Menschen sollten Vertrauen in Gott haben. Man kann sich auf ihn verlassen«, sagt Sr. Maria-

Gertrud. Ihre Mitschwester Odilia sieht es ebenso: »Haltet Euch an Gott. Tut Gutes und lebt so, wie es sich gehört.«

Die jüngere Schwester Bernadette wird noch etwas konkreter: »Die Menschen sollten mehr Gelassenheit zeigen, nicht zu hohe Ansprüche an sich selbst stellen und das Wesentliche nicht aus dem Blick verlieren. Kleine Dinge können viel geben.«

Pater Fidelis hat sich in fünfzig Klosterjahren viel Menschenkenntnis erworben und erkannt: »Viele Menschen laufen vor sich selbst davon. Man muss sich aber Zeit nehmen, auf sich achten, sich nichts vormachen, um an den inneren Grund zu kommen. Die Menschen müssen lernen, sich nicht ständig an anderen oder vermeintlichen Statussymbolen zu orientieren. Sie müssen lernen, selbst zu leben und nicht gelebt zu werden. Und das Entscheidende wird dann sein, dass sie lernen, Gott als Lebensquelle zu entdecken.«

> »Besser sich zu bergen beim Herrn, als auf Fürsten zu bauen.«
>
> Psalm 118,9

Generationen im Kloster

Wie werden junge Menschen auf das Klosterleben vorbereitet?

Was treibt junge Menschen überhaupt an, heutzutage ins Kloster zu gehen?

»Meist ist es die Suche nach sich selbst«, sagt Bruder Pascal, der sich als Novizenmeister ja besonders um die Neulinge im Kloster kümmert.

Vor der endgültigen Entscheidung, im Kloster zu bleiben, steht eine lange Bewährungszeit, mit Postulat und Noviziat (siehe S. 21). »Die Novizen bilden eine eigene Gruppe im Gesamtkonvent, die unter dem besonderen Schutz des Novizenmeisters steht«, erzählt Bruder Pascal. »In dieser ersten Klosterzeit muss ich spüren, dass jemand hier bei uns etwas Existenzielles sucht und Gemeinschaftsfähigkeit besitzt.«

Die Gruppen der Novizen setzen sich aus Personen unterschiedlicher Herkunft, unterschiedlichen Bildungsstands und unterschiedlichen Alters zusammen. »Das ist in der Regel aber kein Problem«, sagt Bruder Pascal, »denn im Hinblick auf das Leben im Kloster haben die meisten den gleichen Wissensstand.«

Eine Schwierigkeit sieht er nur darin, dass sich manche Menschen bewerben, die viele Probleme in ihrem Leben haben: »Wenn jemand draußen nicht eigenständig leben kann, der wird auch hier nicht zurecht kommen.«

Hauptprobleme sind aus seiner Sicht, dass sich vor allem ältere Kandidaten nicht auf ein Leben in der Gemeinschaft umstellen können, und: »Dass es für manch einen noch andere Optionen gibt, und sie das Kloster nur als eine Möglichkeit der Lebensform sehen«.

»Das Noviziat soll jedem einzelnen Zeit zur Entwicklung geben, damit ich den Kandidaten der Gemeinschaft empfehlen kann.«

> *»Ein erfahrener Bruder werde für sie bestimmt, der geeignet ist, Menschen zu gewinnen, und der sich mit aller Sorgfalt ihrer annimmt.«*
>
> Benediktsregel 58,6

Wie versorgt man die alten Menschen im Kloster?

Außerhalb der Klostermauern spricht man oft von der über-alterten Gesellschaft. Alte Menschen werden dabei nicht selten als Last empfunden, da sie Kosten verursachen und kaum noch etwas zum Bruttosozialprodukt beitragen.

Nicht so im Kloster. Dort werden den alten Ordens-mitgliedern bevorzugte Plätze zugewiesen. »Beim Einzug in die Kirche zum Chorgebet sind Abt, Prior und Subprior an der Spitze«, erzählt Bruder Benno, »dann folgen die an-deren Mönche, und zwar in der Reihenfolge ihres Eintritts ins Kloster. Diejenigen, die am längsten bei uns sind, dürfen vor den anderen ein- und wieder ausziehen.«

Auch bei der Sitzordnung im Refektorium spielt die An-zahl der Klosterjahre eine Rolle. »Man sitzt, wie man einge-treten ist; wir sagen: nach dem Professalter.« Ein Respekt, der den älteren Mönchen auch an den Geburtstagen gezollt wird, wie Bruder Benno weiter berichtet: »Runde Geburts-tage werden bei uns in der Gemeinschaft immer erwähnt. Ab dem 80. Geburtstag jedoch spielt einer der Mitbrüder zu Ehren des Geburtstagskinds Klavier, und der Abt trägt dessen Lebenslauf vor.«

Im Kloster leben alle Generationen unter einem Dach. Sie beten und meditieren zusammen, sie nehmen die Mahl-zeiten gemeinsam ein und arbeiten auch zusammen, so lange es geht. »Die Altersunterschiede hier im Kloster sind eine große Bereicherung«, sagt Pater Mauritius.

Man kümmert sich in den Klöstern um die alten Men-schen, wenn sie betreut werden müssen. »Im Pflegeheim war noch keine unserer alten Mitschwestern«, berichtet auch Sr. Emmanuela aus Köln.

Zwar sind sowohl in Köln als auch in Münsterschwarzach junge Mitbrüder und -schwestern in der Gemeinschaft vorhanden. Aber dennoch gibt es in den meisten Klöstern auf Grund von Nachwuchsmangel einen hohen Altersdurchschnitt. Aber: »Wir sehen den hohen Altersdurchschnitt nicht als Manko, sondern als Herausforderung«, betont Bruder Zacharias.

»Die Jüngeren sollen also die Älteren ehren, die Älteren die Jüngeren lieben.«

Benediktsregel 63,10

Gibt es im Kloster eine Pensionsgrenze?

»Hier im Kloster arbeitet man so lange, wie man kann«, sagt Sr. Bernadette. Was für die Kölner Benediktinerinnen gilt, wird in anderen Klöstern genauso gehandhabt: »Hier bei uns in Münsterschwarzach gibt es keine Pensionsgrenze«, bestätigt auch Bruder Benno. Mit 76 Jahren verrichtet er noch Hausmeistertätigkeiten und hilft in der Küche beim Kartoffelschälen.

Was oft aus Mangel an »Klosterpersonal« so gehandhabt wird, hat für die älteren Ordensleute, die außerhalb der Klostermauern längst in Pension wären, auch ihr Gutes. Sie fühlen sich dadurch noch als nützliches Mitglied der Gemeinschaft.

Auch die klösterlichen Führungskräfte sind länger im Amt als die Vorstände weltlicher Betriebe. »Hier in Münsterschwarzach treten die Äbte so um die 70 zurück«, erzählt der amtierende Abt Michael. Er selbst ist Jahrgang 1959 und hat damit voraussichtlich noch eine lange Amtszeit vor sich.

Sein Vorgänger Fidelis trat mit 68 Jahren zurück, nach einer 24-jährigen Amtszeit. »Ich bin trotzdem kein Rentner und bin auch nicht im Ruhestand«, sagt er. »Abt Michael hat mich gebeten, dass ich in die geistliche Beratung einsteige. Ich halte Kurse, Exerzitien und Vorträge. Mein Tag ist sehr sinnvoll ausgefüllt.« Einen aktiven Lebensabend wünscht sich auch Sr. Maria-Gertrud: »Ich hoffe, dass ich so lange wie möglich aktiv bleiben kann, um die vielfältigen Aufgaben der Gemeinschaft mittragen zu können.«

Pater Anselm, derzeit Anfang 60 und als Cellerar, Vortragsredner und Seminarleiter noch voll eingespannt, hat sich auch bereits Gedanken über die Zeit gemacht, in der er nicht mehr die Verwaltung des Klosters leiten wird:

»Meinen Lebensabend im Kloster möchte ich mit lesen, schreiben und meditieren ausfüllen. Ich möchte loslassen können, dennoch lebendig bleiben, aber nicht unter Druck stehen.«

»*Sind sie jedoch zu wenig beschäftigt, sollen sie zu der Arbeit gehen, die man ihnen aufträgt.*«

Benediktsregel 53,18

Haben Ordensmitglieder Angst vor dem Tod, und wie werden sie bestattet?

Auch Klosterleute können Angst vor dem Tod haben. »Das ist eine Grenzsituation«, sagt Sr. Emmanuela, »eigentlich sollte man als Christ mit dem Tod viel positiver umgehen.« Sr. Emmanuela, Jahrgang 1961, steht altersmäßig noch nicht an dieser Schwelle. Die 30 Jahre ältere Sr. Odilia hat sich gedanklich schon sehr häufig mit ihrem Lebensende beschäftigt: »Ich wünsche mir ein nicht zu langes Krankenlager. Angst vor dem Tod habe ich nicht. Man sollte immer vorbereitet sein. Man muss so leben, wie man denkt, dass es richtig ist, dann muss der liebe Gott damit zufrieden sein.«

»Bei uns wird der Tod positiv thematisiert«, sagt Bruder David. Er hat seinen Mitbruder Simon während dessen Sterbephase begleitet.

Bis zur Bestattung bleibt der Sarg im Münsterschwarzacher Konvent offen, damit alle Mitbrüder von dem Verstorbenen Abschied nehmen können. »Wir begleiten unsere Mitbrüder in den Tod«, erzählt auch Pater Fidelis: »Alle wollen im Kloster sterben, niemand im Krankenhaus. Der Abt oder der Prior machen täglich einen Besuch auf der Krankenstation. Wenn wir merken, dass es bei einem Mitbruder zu Ende geht, halten wir rund um die Uhr Krankenwache. Nach seinem Tod wird der Mitbruder im Kapitelsaal aufgebahrt, an der Stelle, an der als Novize den Habit erhalten hat.« Anschließend singt der Konvent dort die Vigil, und der Sarg wird in einer Prozession in die Totenkammer gebracht. »Es ist sehr tröstlich für uns, so gemeinsam Abschied zu nehmen«, sagt Pater Fidelis.

Zum Begräbnis auf dem klostereigenen Friedhof kommen neben den Mitbrüdern auch Verwandte, Freunde und

Dorfbewohner von Münsterschwarzach. »Sie sind nach der Beerdigung bei uns zum Essen eingeladen. Am Abend des Begräbnistags setzen wir uns dann im Konvent zusammen und halten eine sogenannte ›Erzählrunde‹ über den Toten und all das, was uns noch mit seiner Person verbindet. Dann wird er noch mal richtig lebendig in unserer Mitte. Das ist sehr persönlich und menschlich«, sagt Pater Fidelis.

Bei den Kölner Benediktinerinnen wird eine verstorbene Mitschwester hinter dem Eingang zur Klausur im Kreuzgang aufgebahrt. »An der Stelle, an der sie die Klausur zum ersten Mal betreten hat«, erzählt Sr. Johanna: »Wenn eine Mitschwester verstorben ist, singen wir für sie die gleichen Psalmen, die zu ihrer ewigen Profess gesungen worden waren.« Und Sr. Emmanuela ergänzt: »Die Totenvigil halten wir in der Klosterkirche. Bestattet wird die Mitschwester dann auf einem öffentlichen Friedhof und nicht im Klosterareal, da dies die Gesetze der Kölner Kommune nicht erlauben.«

> »Den unberechenbaren Tod täglich vor Augen haben.«
>
> Benediktsregel 4,47
>
> *Benedikt starb betend mit erhobenen Händen, gestützt von zwei Brüdern.*

Wird es immer Ordensleute geben?

Angesichts schwindender Mitgliederzahlen in den Orden liegt es nahe, sich Gedanken darüber zu machen, ob diese Lebensform überhaupt Zukunft hat. Diese Frage beschäftigt natürlich vor allem die Klosterleute selbst.

»Die klösterliche Lebensform hat sich über Jahrhunderte bewährt«, sagt der 38-jährige Bruder Zacharias, »es wird sie auch weiterhin geben. Die Menschen müssen nur merken, dass wir lebendig sind.«

Auch Pater Mauritius glaubt an den Fortbestand des Mönchtums: »Wir sind Traditionsträger, von uns erwartet man, dass wir das weiterleben.« Und ein Leben in einer Gemeinschaft, der nur Personen ein und desselben Geschlechts angehören? »Es gibt kaum noch reine Männerdomänen«, fährt Pater Mauritius fort, »da hat ein Männerkloster eine eigene Kraft. Das ist attraktiv.«

Bruder Thomas Morus hat viele Jahre in einem Missionskloster in Tansania gelebt: »Selbst in einer Gesellschaft wie der afrikanischen, in der sich die Männer über die Anzahl ihrer Kinder definieren, wird das Kloster Bestand haben. Das Mönchtum wird weiter existieren, denn ich komme in der Form, Mönch zu leben, ganz stark an mich selbst.«

Sein Mitbruder Stephan stimmt ihm zu: »Ich glaube, dass die benediktinische Lebensform Bestand haben wird. Es ist ein Modell von Gemeinschaftsleben, das sich bewährt hat.«

Und Schwester Ursula formuliert: »Das Mönchtum hat Zukunft, aber die Formen müssen sich wohl ändern.«

Sie geht darin konform mit Abt Michael, der der Meinung ist: »Das Mönchtum wird Bestand haben, aber es wird auch andere Formen des Miteinanderlebens geben. Unsere Form ist nicht die einzig Wahre.«

> »Ihr werdet mein Volk sein und ich werde euer Gott sein.«
>
> Jeremia 30,22

Welche Aufgaben haben die Klöster in der Zukunft?

»Die Welt braucht Klöster als Orte, die auf eine andere Wirklichkeit hinweisen«, sagt Abt Michael, »das Mönchtum hat Zukunft, da es eine Gegenbewegung zur Welt ist. Das ist fast wie eine Kirche im Kleinen.«

Genauso sieht es Pater Mauritius: »Es braucht Klöster zur Erneuerung der Kirche. Aus den Klöstern kommen innovative Elemente.«

»Die Zukunft des Mönchtums ist nicht leicht«, sagt Sr. Maria-Gertrud. Und Bruder David denkt, dass jeder Mensch die Aufgabe hat, seinen Weg zum Glück zu suchen und zu finden. Aus seiner Sicht können die Klöster dabei helfen: »Klöster sind ein Weg, zu sich selbst zu finden. Darin können sie die Menschen unterstützen. Diese Aufgabe haben sie jetzt und in Zukunft.«

Geld und Besitz alleine machen nicht glücklich. »Die Menschen suchen nach mehr als Materiellem. Dies ist ein Ansatzpunkt für Klöster und Kirche, den Menschen den Glauben näher zu bringen«, denkt Sr. Cornelia.

Aus Sicht von Pater Anselm haben die Klöster folgende Aufgaben: »Wir müssen authentisch sein und Mut zu einer anderen Kultur haben. Wenn wir auf die Fragen der Menschen eingehen, hat das Kloster Zukunft.«

So sieht auch Bruder Zacharias die klösterlichen Zukunftsaufgaben: »Alle Menschen sollen mit allen Fragen zu uns kommen dürfen. Sie sollen hier eine spirituelle Heimat finden. Wir müssen dabei noch mehr neue Wege finden, um auf die Menschen zuzugehen und sie im Glauben zu bestärken.«

»Wer ins Kloster eintritt, sucht eine geistliche Oase, wo man lernen kann, als wahre Jünger Jesu in froher und ständiger geschwisterlicher Gemeinschaft zu leben, wobei auch eventuelle Gäste wie Christus selbst aufgenommen werden (vgl. RB 53,1). Dieses Zeugnis ist es, das die Kirche auch in unserer Zeit vom Mönchtum erbittet.«

Benedikt XVI.

»Ich bin bei euch alle Tage bis zum Ende der Welt.«

Matthäusevangelium 28,20

Zu Gast im Kloster

Wie finde ich das richtige Kloster mit dem passenden Angebot?

Im deutschsprachigen Raum gibt es zahlreiche Klöster, die Gäste aufnehmen. Viele haben umfangreiche und vielfältige Seminarangebote. Für jegliche Interessengruppen ist etwas dabei.

Sportlich Interessierte können beispielsweise Bergunternehmungen oder Fastenwanderungen mit Mönchen machen oder NordicWalking- oder Feldenkraiskurse mit Ordensfrauen. An kreativer Betätigung interessierte Menschen können in Klöstern beispielsweise an Bildhauer- oder Aquarellkursen teilnehmen, der Ikonenmalerei frönen oder für Weihnachten und Ostern basteln. Wer sich mit Musik beschäftigen möchte, kann zum Beispiel Kurse in Gregorianik oder barocker Musik belegen. Wenn man sich eher der Meditation oder kontemplativen Angeboten widmen möchte, findet man in Klöstern ein breites Spektrum. Darunter Einkehr- und Besinnungstage oder Schweigemeditationen.

Wer tiefer in die christliche Spiritualität eintauchen möchte, kann zum Beispiel Bibelkurse belegen oder an Seminaren zu benediktinischer Spiritualität teilnehmen. Und wenn man einfach stille Tage abseits des Alltags verbringen möchte, ist man im Kloster immer willkommen.

Angebote gibt es nicht nur in katholischen, sondern auch in evangelischen Klöstern. Um in der Vielfalt der Möglichkeiten das Richtige zu finden, kann man sich vorher orientieren. Das

Haus der Orden, Postfach 1601, 53006 Bonn
Tel.: 0228/68449-0, Fax: 0228/68449-44
info@orden.de

bietet eine Broschüre mit dem Titel »Atem holen« an, in der deutsche Klöster aufgelistet sind, die Gäste aufnehmen. Man kann diese gegen Einsendung von Briefmarken dort bestellen.

Entsprechende Informationen erhält man auch im Internet unter:

www.orden.de

Dort erfährt man auch die Websites der einzelnen Klöster, auf denen man sich genauer informieren kann. Über Exerzitienangebote erhält man Infos bei:

Arbeitsgemeinschaft Deutscher Diözesen-Exerzitien-Sekretariate, Postfach 2962, 53129 Bonn, Tel.: 0228/103-257
www.exerzitien.info

Außerdem findet man detaillierte Beschreibungen von Klosterangeboten in Deutschland in meinem Band:

Petra Altmann
Atem holen im Kloster
St. Ulrich-Verlag Augsburg (ISBN 978-3-936484-83-0)
www.dr-petra-altmann.de

Wer Angebote in Österreich sucht, findet Informationen beim:

Canisiuswerk, Stephansplatz 6, A-1010 Wien
www.canisius.at (siehe dort unter: »Urlaub im Kloster«)

Informationen zu Angeboten in der Schweiz gibt es bei:

Deutschschweizer Ordensgemeinschaften,
Sr. Rebekka Breitenmoser
Kleinriehenstr. 30, CH-4058 Basel
www.kath.ch/orden

Wer nach einer ersten Recherche eine Auswahl aus den Klosterangeboten getroffen hat, sollte in jedem Fall erst einmal mit den entsprechenden Klöstern telefonieren, bevor er sich entscheidet.

In den Konventen gibt es immer eine Gastschwester beziehungsweise einen Gastpater. Sie sind für die Betreuung der Gäste zuständig und geben weitere Auskünfte. So kann man vorher abklären, ob die eigenen Erwartungen auch wirklich erfüllt werden können – und ist so am Ende nicht enttäuscht, wenn dies nicht der Fall ist.

Wer darf als Gast ins Kloster?

Klöster nehmen grundsätzlich alle Gäste auf – unabhängig von Alter, Status, Herkunft oder Religionszugehörigkeit. Man wird weder bei der Anmeldung noch während des Klosteraufenthalts gefragt, ob man einer Kirche angehört oder gläubig ist.

Manchmal ist es allerdings so, dass ein Frauenkloster nur weibliche Gäste aufnimmt und ein Männerkloster nur männliche. Dies liegt aber in der Regel darin begründet, dass sich die Gästezimmer in der Klausur befinden, und die Gäste somit diesen eigentlich sehr privaten Bereich mit den Ordensleuten teilen.

Auch Kinder können nicht in jedes Kloster mitgebracht werden, da entsprechende Raumangebote fehlen.

Kranke und behinderte Menschen sollten sich in jedem Fall vorher ausführlich erkundigen, ob sie als Gäste im Kloster aufgenommen werden können. Die Ordensleute haben in der Regel nicht die Kapazität, sich um kranke Menschen zu kümmern, die Betreuung benötigen.

Und für behinderte Menschen wird die Unterbringung oft zum Problem, da die Klöster meist keine behindertengerechten Einrichtungen haben. Nur eine geringe Anzahl von Konventen verfügt über behindertengerecht ausgestattete Zimmer. Dies erfährt man meist über die entsprechende Klosterwebsite.

Muss man an den Gebetszeiten und Eucharistiefeiern teilnehmen?

In den Klöstern finden täglich vier bis fünf Gebetszeiten sowie eine Eucharistiefeier statt.

Die Ordensleute laden ihre Gäste in der Regel dazu ein und freuen sich über jeden Teilnehmer. Die Teilnahme ist jedoch nicht verpflichtend.

Jedem Gast steht es frei, ob, wann und wie oft er dabei ist. Dies wird nicht kontrolliert. In einigen Klöstern finden die Chorgebete ohnehin im Klausurbereich statt und sind damit nicht öffentlich. Und in manchen Fällen sind auch die Räumlichkeiten zu eng, um alle Gäste aufnehmen zu können.

Wie die Gegebenheiten in den einzelnen Klöstern sind, kann man entweder auf der Website oder in einem Telefonat erfahren.

Wie ist man in den Klöstern untergebracht?

Die Unterbringung in Klöstern ist so unterschiedlich wie die Klöster selbst.

Manche haben große Gästehäuser, die fast wie Pensionen oder Hotels geführt werden. Andere verfügen nur über einzelne Gästezimmer mit sehr persönlicher Betreuung.

Grundsätzlich kann man jedoch davon ausgehen, dass man in jedem Kloster sowohl Einzel- als auch Doppelzimmer angeboten bekommt. Manche Häuser haben auch Mehrbettzimmer. Aber Schlafsäle oder Gemeinschaftsunterkünfte, wie man sie aus alten Klosteranlagen vielleicht noch kennt, gibt es nicht mehr.

Die Zimmer sind in der Regel schlicht, aber zweckmäßig ausgestattet. Manchmal sind es sehr modern gestaltete Räume, in anderen Fällen können es auch historische Zimmer beispielsweise mit Stuckdecken und antiken Möbeln sein. Dies ist von Kloster zu Kloster sehr verschieden.

Die meisten Konvente haben inzwischen ihre Gästezimmer mit eigenen Bädern ausgestattet, sodass man nur noch in wenigen Fällen Etagenbad und -toilette mit anderen Gästen teilen muss.

Wie oben bereits erwähnt, verfügen einzelne Ordenshäuser auch über behindertengerecht ausgestattete Zimmer. Danach muss man sich im Einzelfall erkundigen.

Auch Apartments für Familien bieten manche Konvente an. Dort kann man sich zum Teil sogar selbst versorgen. Auch dies erfährt man bei telefonischer Nachfrage.

Kann man seine Partnerin/seinen Partner ins Kloster mitbringen?

Die meisten Klöster verfügen über Doppelzimmer und beherbergen damit auch Paare – und zwar unabhängig davon, ob sie über einen Trauschein verfügen oder nicht. Danach wird nicht gefragt.

Auch Kinder sind in manchen Konventen willkommen, wenn diese über das entsprechende Raumangebot verfügen. Hin und wieder gibt es in Klöstern Familienapartments.

Gruppen können in dem ein oder anderen Konvent ebenfalls untergebracht werden. Manchmal gibt es dafür vom Hauptgebäude getrennte Unterkünfte mit eigener Verpflegungsmöglichkeit.

Mehrere Klöster verfügen auch über Jugendgästehäuser mit Gemeinschaftsunterkünften und entsprechenden Freizeiteinrichtungen.

Ist man während des Klosteraufenthalts in einer »geschlossenen Anstalt«?

Natürlich kann man während eines Klosteraufenthalts das Haus verlassen, wann und wie oft man möchte. Auch wenn die Ordensleute selbst sich möglicherweise am Abend früh zurückziehen und den Tag im Morgengrauen beginnen, bedeutet dies nicht, dass der Gast ebenfalls diese Zeiten einhalten muss. Man bekommt in der Regel einen Haustürschlüssel und ist so unabhängig.

Lediglich die Mahlzeiten müssen eingehalten werden und die Gebetszeiten, soweit sie von den Gästen besucht werden. Aber viele Menschen, die sich für stille Tage ins Kloster zurückziehen möchten, haben ohnehin nicht das Bedürfnis nach großen Ausflügen. Die meist großen Klosterareale mit ihren Gärten bieten vielfach ja auch genügend Bewegungsmöglichkeiten und Orte zum Abtauchen.

Wie lange darf man
im Kloster bleiben?

Die Dauer des Aufenthalts ist sehr unterschiedlich. Manche Klöster begrenzen die Tage, die ein einzelner Gast im Haus sein kann. In anderen wiederum kann man auch mehrere Wochen verbringen.

Wer als Kursteilnehmer ins Kloster kommt, verbringt ja von vorneherein eine limitierte Anzahl von Tagen dort. Einzelgäste können in der Regel selbst entscheiden, wie lange sie bleiben möchten. Auch in diesem Fall sollte man in den einzelnen Klöstern nachfragen.

Wie teuer ist der Aufenthalt?

Preise zu nennen ist in diesem Fall obsolet, da sie sich ändern können. Man kann aber davon ausgehen, dass die Kosten sehr moderat sind und die Verpflegung gut und reichhaltig.

In manchen Häusern kann man nur Vollpension bekommen, dies bedeutet vier Mahlzeiten am Tag, da am Nachmittag noch Kaffee und Kuchen angeboten werden. Sinn dieser kompletten Verköstigung ist es aus Sicht der Klosterleute, dass die Gäste ihr Haus nicht nur als Frühstückspension ansehen, sondern während des Aufenthalts dort auch etwas vom klösterlichen Tagesrhythmus und der monastischen Spiritualität mitbekommen.

Andere Konvente wiederum haben eine andere Einstellung und nehmen auch Gäste auf, die nur das Frühstück im Kloster einnehmen möchten. Auch da sollte man sich vorher erkundigen.

Muss man an einem Programm teilnehmen?

Wer von vorneherein im Rahmen eines Seminars oder einer anderen Veranstaltung ins Kloster kommt, sollte auch an den entsprechenden Veranstaltungen teilnehmen, beziehungsweise mit dem Kursleiter absprechen, wie es im Einzelfall gehandhabt wird.

Viele Gäste kommen jedoch individuell ins Kloster und können ihren Tag nach eigenem Gusto gestalten. Ob sie an den Gebetszeiten teilnehmen und dadurch mehr vom klösterlichen Tagesrhythmus mitbekommen, bleibt jedem Einzelnen überlassen.

Findet man im Kloster auch einen Gesprächspartner aus dem Kreis der Ordensleute?

In jedem Kloster gibt es eine Gastschwester oder einen Gastpater, die für die Gästebetreuung zuständig sind.

Diese oder andere Personen aus dem Kreis der Ordensleute stehen nach vorheriger Absprache in der Regel auch für persönliche Gespräche zur Verfügung. Ob dies nur ein Termin oder mehrere Gespräche sein können, hängt von den jeweiligen zeitlichen Kapazitäten ab. Dies sollte man vorher abklären, wenn man Gespräche wünscht. Ordensleute betonen aber immer wieder, dass sie keine Therapeuten sind, und Personen, die psychologische oder psychotherapeutische Hilfe benötigen, nicht betreuen können.

Was darf man ins Kloster mitnehmen?

Was man ins Kloster mitnimmt, bleibt jedem selbst überlassen. Man sollte aber nicht vergessen, dass es sich nicht um Luxushotels handelt, und man daher nur einfache, zweckmäßige Kleidung benötigt. Die Gästezimmer in manchen Klöstern verfügen heute auch über Internetanschluss, sodass man sein Notebook mitbringen kann, wenn man Mails checken oder arbeiten möchte.

Einen TV-Raum gibt es inzwischen in den meisten Klöstern, auch einen Leseraum und einen Gästecomputer. Allerdings keine Fernseher auf den einzelnen Zimmern. Dafür haben sie in vielen Fällen heutzutage Telefonanschluss.

Muss man im Kloster schweigen?

In den Klöstern geht es nicht sehr laut zu, sodass man bereits beim Betreten des Konvents automatisch die Stimme senkt. Aber ein grundsätzliches Schweigen im gesamten Kloster gilt nur bei den Schweigeorden.

In anderen Klöstern gibt es bestimmte Orte, an denen geschwiegen wird, beispielsweise im Kreuzgang oder in der Klausur, die man als Gast aber ohnehin nicht betreten kann. An diese Regel muss man sich halten.

In einzelnen Konventen nehmen die Gäste gemeinsam mit den Ordensleuten die Mahlzeiten ein. Auch hier gilt in den meisten Fällen das Schweigegebot. Während der Mahlzeiten hört man dann entweder eine Tischlesung oder kontemplative Musik.

Laute Stimmen auf Fluren und Gängen hört man aber grundsätzlich nicht so gerne, besonders nicht am Abend, da die Klosterleute früh zu Bett gehen.

Dies sollte man als Gast auch respektieren.

Darf man im Kloster mitarbeiten?

Viele Klöster bieten ihren Gästen an, im Konvent mitzuarbeiten. Dadurch werden die Kosten für den Aufenthalt in manchen Häusern auch günstiger. Helfen kann man oft bei Küchen- oder anderen Hausarbeiten oder im Garten.

Allerdings bevorzugen die Ordensleute für die Mithilfe Gäste, die über mehrere Tage oder sogar länger im Kloster sind. Dies ist nachvollziehbar, denn in der Regel ist es zu aufwendig, einen Gast anzulernen, der nur ein oder zwei Tage im Kloster bleibt.

Wer mitarbeiten und erfahren möchte, in welchen Bereichen dies möglich ist, sollte vorher anrufen.

Wie nah ist man an den Nonnen oder Mönchen dran?

In Kontakt kommt man mit den Klosterleuten bei jedem Aufenthalt.

Dies ist alleine schon durch die Tatsache begründet, dass man von der Gastschwester oder dem Gastpater begrüßt und mit dem Haus vertraut gemacht wird.

Wie intensiv der Kontakt sein kann, hängt von dem Interesse des einzelnen Gasts und der Größe des Konvents ab.

In kleineren Häusern mit wenigen Gästezimmern hat man meist die Chance, häufiger mit einem Ordensmitglied ins Gespräch zu kommen. Wer mitarbeitet, ist ohnehin mehrere Stunden täglich mit Ordensleuten zusammen.

In Klöstern mit großen Gästehäusern ist der Kontakt meist etwas reduziert, da sich die Ordensleute in diesen Fällen nicht jedem Einzelnen so umfangreich widmen können.

Anhang

Kurzporträts der Gesprächspartner von Petra Altmann bei den Benediktinerinnen im Kloster Köln-Raderberg
(in alphabetischer Reihenfolge der Vornamen)

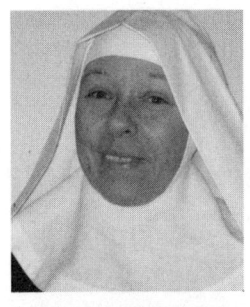

Sr. Antonia Lange. Taufname Margret, geb. 1962, Eintritt ins Kloster 2006. Sr. Antonia ist in der klostereigenen Hostienbäckerei sowie in der Verwaltung tätig, wartet die Computer, singt in der Schola, unterstützt an der Pforte, in der Bibliothek und der Kirche und gestaltet im Team einen Gebetskreis.

Sr. Bernadette Hopfenzitz. Taufname Roswitha, geb. 1972, Eintritt ins Kloster 1999. Sr. Bernadette leitet die Klosterküche und macht den Frühdienst in der Infirmerie, der klösterlichen Krankenstation.

Sr. Cornelia Holzamer. Taufname Cornelia, geb. 1966, Eintritt ins Kloster 1996. Sr. Cornelia arbeitet an der Pforte, im Gastbereich und in der Infirmerie. Sie betreut außerdem Kommunionkindergruppen. Wie ihre Mitschwestern unterstützt sie bei Bedarf auch die Küche.

Sr. Dr. Emmanuela Kohlhaas. Taufname Ursula, geb. 1961, Eintritt ins Kloster 1982. Sr. Emmanuela ist seit Juli 2010 Priorin der Gemeinschaft. Nach einem Studium der Musikwissenschaften war sie unter anderem als Dozentin tätig. In der Gemeinschaft war sie als Organistin, in der Leitung des Gästebereichs, im Pfortendienst und in der Küche tätig.

Sr. Johanna Domek. Taufname Johanna, geb. 1954, Eintritt ins Kloster 1974. Sr. Johanna war von 1986 bis 1992 und 1996 bis 2010 Priorin der Kölner Benediktinerinnen. Sr. Johanna publiziert und hält Seminare und Vorträge zu Themen der benediktinischen Spiritualität.

Sr. Maria-Gertrud Höck. Taufname Gertrud, geb. 1938, Eintritt ins Kloster 2005. Sr. Maria-Gertrud ist im Gästebereich tätig, arbeitet an der Pforte und übernimmt Küchenarbeiten.

Sr. Odilia Cornely. Taufname Gertrud, geb. 1931, Eintritt ins Kloster 1958. Sr. Odilia hilft in der Sakristei und ist in der Hostienbäckerei für den Versand zuständig. Wenn sie noch Kapazitäten frei hat, übernimmt sie auch Küchenarbeiten.

Sr. Ursula Wahle. Taufname Ursula, geb. 1964, Eintritt ins Kloster 1991. Sr. Ursula ist Infirmarin, also Krankenschwester, und damit für die Krankenstation des Klosters zuständig. Darüber hinaus ist sie Stellvertreterin der Novizenmeisterin. Außerdem singt sie in der Schola und leitet den Gesang in der Liturgie.

Kurzporträts der Gesprächspartner von Petra Altmann in der Benediktinerabtei Münsterschwarzach

(in alphabetischer Reihenfolge der Vornamen)

Pater Dr. Anselm Grün. Taufname Wilhelm, geb. 1945, Eintritt ins Kloster 1964. Pater Anselm ist Cellerar, also Leiter der Verwaltung, Geschäftsführer, der Abtei. Er ist darüber hinaus im Recollectio-Haus in Münsterschwarzach tätig, in dem Priester und Ordensleute eine Auszeit verbringen, um innerlich wieder aufzutanken. Pater Anselm hält regelmäßig Vorträge und ist Bestsellerautor. Von ihm sind rund 300 Bücher lieferbar, die bisher in 30 Sprachen übersetzt wurden.

Bruder Benno Gräßer. Taufname Gottfried, geb. 1933, Eintritt ins Kloster 1956. Bruder Benno übernimmt Hausmeistertätigkeiten im Kloster und hilft in der Küche beim Kartoffelschälen aus. In seiner Freizeit dichtet er. Eine Auswahl seiner Gedichte aus fünf Jahrzehnten ist unter dem Titel »Bin ein Goethe nie gewesen« 2007 im Vier-Türme-Verlag Münsterschwarzach erschienen.

Bruder David Hergenröder. Taufname Christian, geb. 1976, Eintritt ins Kloster 2000. Bruder David leitet das Personalbüro des Klosters mit rund 280 Angestellten sowie die »Münsterklause«, das Jugendgästeheim der Abtei mit 30 Betten. Er ist darüber hinaus noch als Subprior und Sekretär für Abt Michael tätig.

Pater Dr. Fidelis Ruppert. Taufname Gerhard, geb. 1938, Eintritt ins Kloster 1959. Pater Fidelis war von 1982 bis 2006 Abt der Abtei Münsterschwarzach. Seit seinem Rücktritt hält er Seminare, Exerzitien und Vorträge. Er ist außerdem in der geistlichen Begleitung tätig.

Pater Dr. Mauritius Wilde. Taufname Guntram, geb. 1965, Eintritt ins Kloster 1985. Pater Mauritius war von 1999 bis 2010 Leiter des Münsterschwarzacher Vier-Türme-Verlages. Seit 2010 ist er Prior im Priorat Christ the King in Schuyler, Nebraska (USA).

Abt Michael Reepen. Taufname Michael, geb. 1959, Eintritt ins Kloster 1982. Abt Michael wurde 2006 zum 75. Abt des Klosters Münsterschwarzach gewählt und hat in dieser Funktion vielfältige Führungsaufgaben im Kloster, er ist sozusagen der »Chef« des Klosters.

Bruder Pascal Herold. Taufname Johannes, geb. 1964, Eintritt ins Kloster 1991. Bruder Pascal ist Novizenmeister der Abtei Münsterschwarzach und damit für die Ausbildung und Betreuung der neuen Klostermitglieder zuständig.

Bruder Stephan Veith. Taufname Rainer, geb. 1959, Eintritt ins Kloster 1981. Bruder Stephan ist Missionsprokurator der Abtei Münsterschwarzach und in dieser Funktion Verbindungsglied zu den Mitgliedern des Münsterschwarzacher Konvents, die in Missionsklöstern in Übersee tätig sind, darunter an Standorten wie Südkorea, China, Indien, Uganda, Kenia, Tansania, Venezuela, Kolumbien und Nordamerika. Er prüft und beurteilt auch neue Projekte im Ausland, die von Münsterschwarzach finanziert werden sollen. Darüber hinaus gibt Bruder Stephan die Missionszeitschrift »ruf in die zeit« heraus.

Bruder Thomas Morus Bertram. Taufname Günter, geb. 1954, Eintritt ins Kloster 1984. Bruder Thomas Morus arbeitet mit Bruder Stephan in der Missionsprokura zusammen und betreut Klosterbesucher aus afrikanischen und englischsprachigen Ländern. Er arbeitet zudem in der Redaktion der Zeitschrift »ruf in die zeit« und ist Mitarbeiter bei der Vorbereitung des Weltmissionssonntags in Münsterschwarzach. In seiner Freizeit züchtet Bruder Thomas Morus auf dem Areal des Klosters Schafe.

Pater Zacharias Heyes. Taufname Götz, geb. 1971, Eintritt ins Kloster 2000. Pater Zacharias ist Schulseelsorger am Egbert-Gymnasium der Abtei Münsterschwarzach und in der Jugendarbeit des Klosters tätig.

Kloster auf Zeit

Viele Klöster bieten Interessenten, die mit dem Gedanken spielen, ins Kloster einzutreten, die Möglichkeiten zum »Kloster auf Zeit«.

Im Rahmen dieses Angebots können sie für einige Tage, Wochen oder auch Monate das Kloster und das Leben als Ordensmitglied kennen lernen.

In manchen Klöstern gibt es speziell zu diesem Zweck organisierte Kloster-auf-Zeit-Wochen. In anderen Klöstern kann man diesen Aufenthalt individuell organisieren.

Während dieser Phase betet und arbeitet man mit den Ordensleuten. Man isst und lebt mit ihnen zusammen und kann somit das alltägliche Leben einer Nonne oder eines Mönchs ausprobieren.

Informationen zu diesem Angebot erhält man in den Klöstern selbst oder unter:

www.orden.de (dort unter: »Kloster auf Zeit«)

Dort gibt es entsprechende Informationen zu katholischen Klöstern. Auch evangelische Kommunitäten haben dieses Angebot. Informationen dazu gibt es unter:

www.ekd.de (dort unter: »Kloster auf Zeit«)

Spezielle Infos zu »Kloster auf Zeit« zu den beiden in diesem Band vorgestellten Klöstern unter:

www.abtei-muensterschwarzach.de (dort unter: »Kloster auf Zeit«)

www.benediktinerinnen-koeln.de (dort unter: »Wir laden ein zu Kloster auf Zeit«)

Weitere Buchveröffentlichungen von Dr. Petra Altmann zu klösterlichen Themen

- Heilfasten nach der Klostermethode, Verlag Mosaik bei Goldmann, München 2009

- Atem holen im Kloster, St. Ulrich-Verlag, Augsburg 2006

- Wohlfühltipps aus dem Kloster, Don-Bosco-Verlag, München 2007

- Die Kraft der Klosterkräuter – mit Schwester Fidelis Happach, Don-Bosco-Verlag, München 2007

- klarheit, ordnung, stille – Was wir vom Leben im Kloster lernen können – mit Pater Anselm Grün, Gräfe & Unzer Verlag, München 2007

- klarheit, ordnung, stille, Audiobook mit 2 CDs, von und mit P. Anselm Grün und Petra Altmann, Verlag Hoffmann und Campe, Hamburg 2008

- Oasen für jeden Tag – Fächer, Don-Bosco-Verlag, München 2008

- Gesunde Ernährung aus dem Kloster, Don-Bosco-Verlag, München 2008

- Leben nach Maß – Die Regel des hl. Benedikt für Menschen von heute – mit Abt Odilo Lechner, Herder Verlag, Freiburg 2009

Autorenvita

Dr. Petra Altmann studierte Kommunikationswissenschaften, Kunstgeschichte und Soziologie. Sie war viele Jahre in Führungspositionen in Buchverlagen tätig und arbeitet heute als freie Journalistin und Buchautorin.

Schwerpunktmäßig beschäftigt sie sich seit langem mit der Ordensgeschichte, den Traditionen und aktuellen Angeboten von Klöstern. Dazu liegen zahlreiche Buchveröffentlichungen von ihr vor.

Regelmäßig verbringt sie selbst Tage im Kloster und schöpft aus dem reichen Erfahrungsschatz der Nonnen und Mönche.

Siehe auch unter: *www.dr-petra-altmann.de*

Register

Fotonachweis

Die Porträtaufnahmen auf den Seiten 143 bis 149 stammen von Dr. Petra Altmann, die Fotos von P. Anselm Grün, P. Fidelis Ruppert, Abt Michael Reepen und Bruder Zacharias Heyes aus dem Archiv des Verlags.